COLLECTION DSCG

COMPTABILITÉ ET AUDIT

Diplôme Supérieur de Comptabilité et de Gestion
UE 4

ÉNONCÉ

Éditions CORROY

Patricia GOUTTEFARDE
Agrégée d'Économie et Gestion
Intervenante en DSCG
Ancienne élève de l'ENS Cachan

Fanny ZIEGELMEYER
Agrégée d'Économie et Gestion
Intervenante en DSCG
Ancienne élève de l'ENS Cachan

Emmanuelle PÈPE
Agrégée d'Économie et Gestion
Intervenante en DSCG

CHEZ LE MÊME ÉDITEUR

COLLECTION BTS

Processus, Management, Économie et Droit

COLLECTION INFORMATIQUE

EBP, Excel, Access

COLLECTION DCG/DSCG

Toutes les UE du DCG et du DSCG

COLLECTION ARRÊT-CULTURE

Entreprenologie, Musique, Dissertation

CORRESPONDANCE RÉFÉRENTIEL / CAS

1. Opérations de restructurations (30 heures)

Sens et portée de l'étude	Compétences visées	Notions et contenus	Cas correspondants
Comprendre les enjeux des opérations de regroupement du type fusion et assimilées notamment fusion à l'endroit, fusion à l'envers et fusion création ainsi que le choix entre TUP et fusion simplifiée. Analyser les modalités et représenter les conséquences comptables de l'agrégation financière de plusieurs entités.	Maîtriser le cadre juridique, économique et comptable des opérations de restructuration. Déterminer l'impact des opérations de restructuration. Passer les écritures comptables des opérations de restructurations. Etablir les documents de synthèse après restructuration.	Les différentes formes de regroupement entre sociétés commerciales : fusion création, fusion absorption, TUP, fusion simplifiée, scission, apport partiel d'actif. Les cas particuliers des fusions entre sociétés comportant des participations préalables (simples ou croisées) doivent être étudiés. La parité d'échange et le versement éventuel d'une soulte (la valeur globale des sociétés commerciales concernées ou les éventuelles soultes étant fournies) Les différents modes de comptabilisation des apports (valeur comptable, valeur réelle) La rétroactivité des fusions et ses conséquences comptables La comptabilisation de l'opération chez l'initiatrice et la cible : comptabilisation à la valeur comptable, à la valeur réelle ; détermination du boni ou du mali de fusion et sa comptabilisation ; suivi comptable du mali technique Le bilan après le regroupement	**Hydroklein – Nettéco** **Jyem** **Futech-Sadis** **Bazoe** **Sama-Pavo** **Echidna** **Absorba**

2. Normes internationales (40 heures)

Sens et portée de l'étude	Compétences visées	Notions et contenus	Cas correspondants
Connaître et appliquer les normes internationales.	Déterminer l'impact des normes sur les états financiers. Passer les enregistrements comptables dans le référentiel comptable international.	Cadre conceptuel Information financière : présentation des états financiers, état des flux de trésorerie, méthodes comptables Normes relatives à la consolidation Principales différences de traitement entre PCG et IFRS affectant les immobilisations corporelles et incorporelles, dépréciations d'actifs, contrats de location, immeubles de placement, provisions, avantages du personnel, instruments financiers, reconnaissance des revenus	**Cadrinter** **Infofi** **Soem** **SFE** **KVS** **SDM** **Solupierre** **EJM** **MDP**

3. Comptes de groupe (60 heures)

3.1 Principes de consolidation

Sens et portée de l'étude	Compétences visées	Notions et contenus	Cas correspondants
Il s'agit de comprendre les conditions d'établissement des comptes consolidés et de détermination du périmètre de consolidation et d'apprécier l'utilité des comptes combinés.	Maîtriser le cadre réglementaire et légal de la consolidation des comptes (règlements nationaux et normes internationales). Définir le périmètre de consolidation.	Cadre juridique des opérations (CRC 99-02 et IFRS) : - choix du référentiel de consolidation - critères rendant obligatoires l'établissement de comptes consolidés - nature du contrôle et méthode de consolidation - pourcentages d'intérêt et de contrôle - cas d'exemption et cas d'exclusion du périmètre - cas où il est possible ou obligatoire d'établir des comptes combinés	**Soem** **Costati**

3.2 Processus d'élaboration des comptes de groupe

Sens et portée de l'étude	Compétences visées	Notions et contenus	Cas correspondants

Comprendre l'incidence comptable (CRC 99-02 et IFRS) de la définition d'une entité et de son périmètre en tenant compte de la fiscalité différée.	Maîtriser le processus d'élaboration d'une consolidation.
	
	Déterminer l'impact des retraitements de consolidation.
	
	Enregistrer les opérations de consolidation.
		Retraitements de consolidation :
		- homogénéisation des méthodes de comptabilisation et de présentation en fonction de la réglementation et/ou du manuel de consolidation du groupe
		- élimination des opérations passées pour la seule application des législations fiscales
		- conversion de comptes établis en devises
		- élimination des comptes réciproques et des résultats internes
		- traitement des écarts d'évaluation et d'acquisition : détermination à l'entrée et postérieurement à l'entrée
		- partage des capitaux propres de filiales directes et indirectes selon les méthodes de consolidation
		- variations du pourcentage d'intérêts et du périmètre de consolidation
		  - augmentation du pourcentage dans une entreprise intégrée globalement
		  - intégration globale d'une entreprise précédemment consolidée par mise en équivalence
		  - déconsolidation suite à la cession de titres
			Groupe PGT
			
			Robo
			Groupe EMI
			Aldomat
			
			Tech-Cons
			
			Polinetto

3.3 Documents de synthèse des groupes

Sens et portée de l'étude	Compétences visées	Notions et contenus	Cas correspondants
Connaître l'utilité et le contenu des documents de synthèse (en CRC 99-02 et en IFRS).	Élaborer les documents de synthèse spécifiques aux comptes consolidés.	Bilan, compte de résultat / état du résultat global, annexe Tableau des variations des capitaux propres Tableau des flux de trésorerie	**MDJ** **Sogedis** **Gamma**

4. Audit (50 heures)

4.1 Typologies des missions et organisation de la profession

Sens et portée de l'étude	Compétences visées	Notions et contenus	Cas correspondants
Connaître les missions et le cadre d'exercice professionnel des commissaires aux comptes (CAC) et des experts comptables (EC).	Distinguer et situer la notion d'audit et son cadre conceptuel. Distinguer les missions spécifiques aux commissaires aux comptes et aux experts-comptables.	Les différentes missions : - audit légal / audit contractuel ; - audit externe / audit interne ; - audit ayant pour but la certification des comptes / autres missions - services autres que la certification des comptes (SACC) - missions menées par des CAC ou des EC / missions menées par d'autres personnes - CAC / EC, CNCC/OEC, H3C - IFAC, IAASB, Accountancy Europe	**OM Réparations** **Palin** **Soleole**

4.2 Principes fondamentaux de comportement des CAC et des EC

Sens et portée de l'étude	Compétences visées	Notions et contenus	Cas correspondants
Connaitre le code de déontologie et les responsabilités du professionnel CAC et EC.	Apprécier les principes déontologiques essentiels et les responsabilités du professionnel CAC et EC. Identifier les situations d'incompatibilités.	Intégrité (art. 3 code déontologie CAC) et probité (art. 145 code de déontologie EC) Impartialité (art. 4) Indépendance et prévention des conflits d'intérêt (art. 5 code déontologie CAC et 145 code déontologie EC) Scepticisme professionnel et esprit critique (art. 6) Compétence (art 7 et art. 145) Confraternité (art. 8), assistance et courtoisie (art. 161) Secret professionnel et discrétion Devoir de conseil de l'EC Conscience professionnelle (art. 145) Responsabilité civile, pénale et professionnelle	**Acal Audit et Conseil** **Virgile**

4.3 La démarche générale d'audit

Sens et portée de l'étude	Compétences visées	Notions et contenus	Cas correspondants
Mettre en œuvre une démarche d'audit du CAC et de l'EC.	Mettre en œuvre une démarche d'audit. Savoir situer chaque étape de la mission d'audit. Faire le lien entre chaque étape.	Les étapes de la mission d'audit : - acceptation de la mission - évaluation des risques d'anomalies significatives et planification - réponses aux risques d'anomalies significatives - travaux de fin de mission - rapports et communications Les supports et techniques liés à ces étapes : - lettre de mission - plan de mission - rapports relatifs aux comptes annuels et consolidés (NEP 700 et 702) - objectifs et modalités de réalisation des principales techniques de contrôles : inspection, observation, confirmation directe… (NEP 500-10) - assertions vérifiées à l'aide de ces techniques : exhaustivité, réalité… (NEP 500-9)	**Graffer** **Icks** **TPR** **Lectra** **Elektric** **Chenor**

TABLE DES MATIÈRES

HYDROKLEIN-NETTÉCO

Patricia Gouttefarde & Emmanuelle Pèpe

Connaissances associées

Modalités financières du traité de fusion • Évaluation et comptabilisation

MISE EN SITUATION

La SA Hydroklein, spécialisée dans le matériel de nettoyage à eau pressurisée destiné aux particuliers, a acquis il y a deux ans une participation de 20% dans le capital de la SA Nettéco. Cette dernière développe un savoir-faire dans le nettoyage sous pression écologique (sans solvants et économique en consommation d'eau) pour l'industrie et les chantiers.
Les dirigeants des deux entreprises ont une vision claire de la stratégie d'innovation et de développement de leur activité fondée sur la complémentarité de leurs techniques et de leurs marchés. Ils souhaiteraient profiter des potentialités de leurs sociétés, réaliser des économies d'échelle et atteindre la taille critique nécessaire pour affronter leurs concurrents les plus importants. Dans cette perspective, ils envisagent un rapprochement juridique des deux sociétés et pensent soumettre à leurs actionnaires un projet de fusion. La structure de l'actionnariat des deux sociétés est familiale et les associés des deux sociétés, conscients de la nécessité d'évoluer et de la synergie que procurerait le rapprochement d'Hydroklein et Nettéco, semblent prêts à s'entendre sur le plan financier.
Compte tenu de la situation juridique et financière respective des deux sociétés, Hydroklein absorberait Nettéco dans le cadre d'une fusion-renonciation.

Vous êtes sollicité(e) pour rédiger un rapport relatif aux aspects financiers et comptables de ce projet de fusion. Pour réaliser votre étude, les dirigeants mettent à votre disposition les bilans les plus récents des deux sociétés ainsi qu'un certain nombre d'informations complémentaires (**Annexes 1** et **2**).

Pour ce faire, vous traiterez les points suivants :

TRAVAIL À FAIRE

1. Définir ce qu'est la « parité d'échange » dans le cas d'une fusion et analyser les difficultés éventuelles liées à l'évaluation des sociétés pour établir une parité d'échange équitable.
2. Procéder à l'évaluation de la société Hydroklein et de la société Nettéco en retenant successivement :
   - une valeur patrimoniale de l'action : la valeur mathématique intrinsèque. Cette dernière sera calculée sur la base de l'actif net comptable corrigé tel qu'il serait valorisé pour l'apport. Il sera fait abstraction de l'impôt différé ;
   - la valeur financière fondée sur la moyenne des dividendes versés les 5 dernières années. Le taux d'actualisation retenu est de 10 %.
3. Déterminer la parité d'échange des actions Hydroklein contre des actions Nettéco en retenant comme valeur d'échange une moyenne pondérée de la valeur patrimoniale, à laquelle il sera appliqué un coefficient de 2, et de la valeur financière pondérée par un coefficient de 3. Cette valeur sera arrondie à l'euro le plus proche. En déduire le nombre d'actions nouvelles Hydroklein à créer.
4. Compte tenu du contexte actuel du contrôle de la société Hydroklein sur la société Nettéco, indiquer le type de valeur d'apport à retenir en vous fondant sur la réglementation relative aux fusions figurant dans le Livre II - Titre VII – « Comptabilisation et évaluation des opérations de fusions et opérations assimilées dans les comptes de l'entité absorbante ou bénéficiaire des apports » du Plan comptable général.
5. Pour faciliter l'échange d'actions Hydroklein contre des actions Nettéco, calculer la soulte éventuellement nécessaire. Préciser la condition à respecter pour que l'opération reste sous le régime des fusions.

6. Déduire des calculs précédents le montant de l'augmentation de capital que provoque la fusion-absorption de Nettéco chez Hydroklein. Calculer le montant de la prime de fusion. La décomposer en véritable prime de fusion et en boni ou mali éventuel lié à la participation existante d'Hydroklein dans le capital de Nettéco.

7. Présenter les enregistrements comptables nécessaires chez Nettéco puis chez Hydroklein en faisant l'hypothèse que la fusion se réalise et que Nettéco a déjà versé le dividende à ses actionnaires.

Annexe 1 : SA HYDROKLEIN - Bilan résumé au 31/12/N et informations complémentaires

BILAN RÉSUMÉ AU 31/12/N (en €)

ACTIF		PASSIF	
Immobilisations incorporelles (1)	20 000	Capital (5 000 actions) (5)	500 000
Immobilisations corporelles (2)	680 000	Réserves	400 000
- Amortissements	-140 000	Résultat (6)	160 000
Immobilisations financières (3)	160 000		
		Provisions (7)	100 000
Stocks (4)	700 000		
Créances	560 000	Emprunts	580 000
VMP	80 000	Dettes d'exploitation	360 000
Disponibilités	120 000	Dettes diverses	110 000
Écart de conversion actif	30 000		
TOTAL	**2 210 000**	**TOTAL**	**2 210 000**

(1) *Frais d'établissement.*
(2) *Les valeurs réelles estimées de ces immobilisations sont :*
- *valeur vénale : 580 000 € ;*
- *valeur d'utilité : 659 000 €.*

(3) *Composées uniquement des titres de la société Nettéco.*
(4) *30% du stock n'est pas utilisable et doit être revendu à 80% de sa valeur.*
(5) *3 800 actions sont détenues par Bernard Klein.*
(6) *Une distribution de dividende de 16 € par action est prévue.*
(7) *Dont une provision pour perte de change de 15 000 €.*

Dividende par action versé (en €) :

N-4	N-3	N-2	N-1
12	13	14	17

Annexe 2 :
NETTECO - Bilan résumé au 31/12/N et informations complémentaires

BILAN RÉSUMÉ AU 31/12/N (en €)

ACTIF		PASSIF	
Immobilisations incorporelles (1)	10 000	Capital (4 000 actions) (3)	400 000
Immobilisations corporelles (2)	340 000	Réserves	90 000
- Amortissements	-40 000	Résultat (4)	80 000
Stocks	240 000	Provisions (5)	10 000
Créances	320 000		
VMP	10 000	Emprunts	200 000
Disponibilités	60 000	Dettes d'exploitation	120 000
		Dettes diverses	40 000
TOTAL	940 000	TOTAL	940 000

(1) *Frais d'établissement.*

(2) *Les valeurs réelles estimées de ces immobilisations sont :*
- *valeur vénale : 260 000 € ;*
- *valeur d'utilité : 321 000 €.*

(3) *La SA Arnold détient 50% du capital. Elle détient par ailleurs 200 actions Hydroklein.*

(4) *Un dividende de 40 000 € pour l'ensemble des actionnaires est prévu.*

(5) *Cette provision n'apparaît plus justifiée au regard des dernières informations que possède la société.*

Dividende par action versé (en €) :

N-4	N-3	N-2	N-1
8	9	12	12

Matériel en crédit-bail

La société Nettéco utilise du matériel industriel financé par crédit-bail. La valeur d'utilité de ce matériel est estimée à 180 000 €. On peut estimer la dépréciation annuelle de ce matériel à 1/6e de la valeur d'utilité. La valeur actualisée des redevances restant à verser et du prix de levée d'option est de 141 000 €.

JYEM

Patricia Gouttefarde

Connaissances associées

Absorption d'une filiale détenue à 100%

MISE EN SITUATION

La société anonyme JYEM est une société holding qui détient, à l'heure actuelle, 100% des actions de la société JYEM-Exploitation. Les actionnaires de la holding ne voient plus l'intérêt de conserver ce « montage » juridico-financier historique. Pour des raisons financières et organisationnelles, ils décident de simplifier la structure et de procéder à la fusion des deux sociétés sur la base des bilans au 31/12/N. Tous les actifs de la société d'exploitation seront conservés après la fusion.

Les bilans résumés des deux sociétés ainsi que diverses informations vous sont fournis en **Annexes 1, 2 et 3.**

TRAVAIL À FAIRE

1. Quels sont les deux mécanismes juridiques pouvant être mis en œuvre dans le cadre de l'absorption d'une filiale détenue à 100% ?
2. Présentez dans un tableau synthétique une comparaison entre ces deux mécanismes d'un point de vue juridique, fiscal et comptable. Quels conseils donneriez-vous aux dirigeants des deux sociétés ?
3. Quelle valeur doit être retenue pour les apports ? Justifiez votre réponse.
4. Quel que soit le mécanisme utilisé pour l'absorption, l'annulation des titres représentatifs du capital de la société filiale entraîne la constatation d'un boni ou d'un mali de fusion. Vérifiez dans le cas présent l'existence d'un mali et analysez-le.
5. Présentez les enregistrements liés à l'absorption de la société d'exploitation par la société holding dans la comptabilité de chacune des sociétés.
6. Présentez le bilan de la société JYEM après absorption.
7. Après avoir présenté les calculs préalables, enregistrez les écritures comptables relatives au hangar de stockage au 31/12/N+1.
8. Quelles sont les conséquences de la perte de valeur d'utilité du terrain apporté ? Effectuez, le cas échéant, l'enregistrement comptable nécessaire au 31/12/N+1.

Annexe 1 : Bilan résumé de JYEM-Holding au 31/12/N

ACTIF		PASSIF	
Immobilisations incorporelles	50 000	Capital	400 000
Immobilisations corporelles	0	Réserves	80 000
Immobilisations financières (1)	850 000	Résultat	20 000
Disponibilités	100 000	Emprunts	400 000
		Dettes diverses	100 000
TOTAL	1 000 000	TOTAL	1 000 000

(1) *Les immobilisations financières se composent uniquement des titres de la société JYEM-Exploitation.*

Annexe 2 : Bilan résumé de JYEM-Exploitation au 31/12/N

ACTIF		PASSIF	
Immobilisations incorporelles	0	Capital (2 500 actions)	250 000
Immobilisations corporelles (1)	540 000	Réserves	300 000
Immobilisations financières	0	Résultat	160 000
Stocks	340 000	Emprunts	190 000
Créances d'exploitation	150 000	Dettes d'exploitation	180 000
Disponibilités	70 000	Dettes diverses	20 000
TOTAL	1 100 000	TOTAL	1 100 000

(1) *La valeur d'utilité des immobilisations corporelles au 31/12/N est estimée à 630 000 €.*

Annexe 3 : Informations relatives à des immobilisations apportées

Parmi les immobilisations corporelles apportées par la société JYEM-Exploitation lors de la fusion, figurent les immobilisations suivantes :

1. Un hangar de stockage
Valeur d'acquisition par la société JYEM-Exploitation le 01/07/N-2 : 125 000 €.
Durée d'utilisation prévue : 25 ans.
Mode d'amortissement : linéaire.
Valeur résiduelle estimée en fin de période d'utilisation : non significative.
Valeur d'utilité estimée à la date de fusion et au 31/12/N+1 : 133 500 €.

2. Un terrain
Valeur d'acquisition par la société JYEM-Exploitation à sa création : 80 000 €.
Valeur d'utilité estimée à la date de fusion : 130 000 €.
Valeur d'utilité estimée au 31/12/N+1 : 110 000 €.

FUTECH SADIS

Patricia Gouttefarde & Emmanuelle Pèpe

Connaissances associées

Analyse du boni/mali de fusion

MISE EN SITUATION

La SA FUTECH, fabricant de fusibles pour haute et moyenne tension, a pris, le 1er juillet N-2, une participation, à hauteur de 60% de son capital, dans la SADIS, fabricant de disjoncteurs.
Pour des raisons stratégiques et financières, les dirigeants de FUTECH proposent aux actionnaires d'absorber la SADIS par fusion-renonciation. Il est précisé que tous les titres de la SADIS ouvrent droit, de manière égalitaire, au vote lors des assemblées générales.
Fin N, les valeurs respectives des actions des deux sociétés s'établissent à 160 € pour l'action SADIS et à 320 € pour l'action FUTECH.
La valeur nominale de l'action FUTECH est de 100 €.

En tant que stagiaire dans le service comptable de la SA FUTECH, il vous est demandé un certain nombre de travaux relatifs aux aspects comptables et fiscaux de la fusion envisagée. Vous disposez des informations figurant en **Annexes 1, 2, et 3.**

> **NB :** *Il est fait abstraction dans ce cas des problématiques liées à la période intercalaire et à la distribution de dividendes dans le calcul de la valeur d'apport.*

TRAVAIL À FAIRE

*En utilisant l'**Annexe 1** :*

1. Indiquez la valeur d'apport à retenir dans le cadre de cette fusion. Vous expliquerez votre réponse en vous fondant sur les dispositions relatives à la comptabilisation et l'évaluation des opérations de fusion et opérations assimilées figurant dans le livre II – Titre VII du Règlement ANC 2014-03 relatif au PCG.
2. Quelle condition est nécessaire à l'existence d'un boni/mali de fusion ? Cette condition est-elle réalisée dans le cas de FUTECH ?
3. Donnez la signification :
   - d'un boni de fusion ;
   - d'un mali de fusion (« mali total ») ;
   - d'un mali technique et d'un vrai mali.
4. Peut-il exister un mali technique quelle que soit la valeur d'apport retenue ?

Dans une **première hypothèse**, supposons que les titres de la SADIS sont inscrits dans le bilan de la SA FUTECH pour une valeur d'acquisition de 380 000 €.

TRAVAIL À FAIRE

*En utilisant l'**Annexe 1** :*

5. Déterminez le boni de fusion dans ce cas.
6. Proposez les enregistrements nécessaires dans la comptabilité de la SA FUTECH après avoir effectué tous les calculs préalables nécessaires.
7. Indiquez la position fiscale relative au boni de fusion.

Dans une **deuxième hypothèse**, supposons que les titres de la SADIS sont inscrits dans le bilan de la SA FUTECH pour une valeur d'acquisition de 580 000 €.

TRAVAIL À FAIRE

En vous fondant sur les ***Annexes 1, 2, et 3*** *:*

8. Déterminez le mali de fusion.
9. Décomposez ce mali en mali technique et vrai mali.
10. Préparez l'affectation des plus-values latentes et du mali technique dans un tableau conforme au modèle présenté en Annexe 2 et sachant que la société FUTECH ne compte pas revendre à court terme les actifs repris de SADIS.
11. Enregistrez la fusion dans les comptes de la société FUTECH dans l'hypothèse d'un mali.
12. Indiquez la position fiscale relative au mali de fusion.
13. Indiquez le traitement du mali technique affecté à des actifs amortissables lors des exercices suivant celui de la fusion. Enregistrez l'écriture nécessaire en N+1 pour ce qui est du mali affecté à la construction.
14. Début N+1, FUTECH décide de vendre les titres immobilisés apportés par la SADIS pour un montant de 90 000 €. Indiquez les conséquences de cette cession sur le mali technique affecté.
15. Analysez l'affectation du mali technique en fin d'exercice N+1 en supposant que les valeurs réelles du terrain et de la construction sont les mêmes que fin N et que la valeur réelle des VMP est égale à 4 000 €. Effectuez les enregistrements comptables qui en découlent.

Annexe 1 : Bilan résumé de la SADIS au 31/12/N

ACTIF		PASSIF	
Immobilisations corporelles (2)	580 000	Capital (5 000 actions)	500 000
Immobilisations financières	60 000	Réserves (1)	240 000
		Résultat (1)	60 000
Stocks	210 000		
Créances	180 000	Emprunts	190 000
VMP	5 000	Dettes d'exploitation	45 000
Disponibilités	30 000	Dettes diverses	30 000
Total	**1 065 000**	**Total**	**1 065 000**

(1) *Le résultat accumulé et non distribué du 01/07/N-2 au 31/12/N-2 était de 10 000 €. En N-1, le résultat s'est élevé à 42 000 € (dont 12 000 € distribués). Il est prévu de distribuer 26 000 € sur le résultat N.*

(2) *Dont une construction dont la VCN est de 310 000 € et dont la durée résiduelle d'utilisation à la date de fusion est de 25 ans.*

Annexe 2 : Modalités de calcul des plus-values latentes et affectation du mali technique

(Commentaire de l'article 745-5 du PCG figurant dans le Recueil des Normes Comptables Françaises - version consolidée au 1er janvier 2019)

Le mali peut être affecté sur les seuls actifs pour lesquels une plus-value latente existe et peut être estimée de manière fiable : la valeur réelle de l'actif telle que définie à l'article 744-1 du présent règlement est déterminée de manière fiable, soit grâce à un prix de marché, soit par une méthode de calcul basée sur les flux futurs de trésorerie ou toute autre méthode jugée appropriée par le management. Les plus-values latentes retenues pour l'affectation du mali sont considérées, le cas échéant, nettes d'impôt si la cession des actifs est envisagée à brève échéance. Les modalités de calcul des plus-values latentes et d'affectation du mali peuvent être présentées à l'aide du tableau ci-après. Ce tableau fait apparaître distinctement le mali affecté respectivement aux immobilisations incorporelles, corporelles, financières et aux actifs circulants. Ces montants de mali sont comptabilisés au bilan dans les sous comptes tels que définis à l'article 745-6 du présent règlement.

Actif identifiable	Valeur comptable sociale (1)	Valeur réelle fiable (2)	Plus-value latente (3) = (2) - (1)	Impôt latent le cas échéant (4)	PV latente nette d'impôt (3) - (4)	Affectation du mali au prorata des PV latentes nettes d'impôt, dans la limite de celles-ci
Actif 1						
Actif 2						
Actif 3						
Total Mali de fusion sur actifs incorporels identifiables (a)						
Actif 1						
Actif 2						
Actif 3						
Total Mali de fusion sur actifs corporels (b)						
Actif 1						
Actif 2						
Actif 3						
Total Mali de fusion sur actifs financiers (c)						
Actif 1						
Actif 2						
Actif 3						
Total Mali de fusion sur actif circulant (d)						
Total Mali sur actifs identifiables (a) + (b) + (c) + (d)						
Mali résiduel affecté au fonds commercial (e)						
Total mali sur actifs incorporels (a+e) = (f)						
Total mali (b) + (c) + (d) + (f)						

Annexe 3 : Valeur des éléments apportés par la SADIS selon le traité de fusion

Éléments apportés	Valeur comptable	Valeur réelle
Fonds de commerce	0	70 000
Terrain	60 000	80 000
Construction	310 000	350 000
Autres titres immobilisés	60 000	75 000
VMP	5 000	7 000
Total	**435 000**	**582 000**

BAZOE

Patricia Gouttefarde

Connaissances associées

Participations réciproques entre les sociétés qui fusionnent

MISE EN SITUATION

La société CARL est la société mère d'un groupe exerçant son activité dans le domaine de l'électronique. Pour des raisons à la fois économiques et juridiques, elle décide de restructurer l'ensemble du groupe et d'en simplifier la structure.

Elle décide notamment de regrouper ses filiales BASIL SA dont elle est actionnaire à 90 % et ZOE SA dont elle est actionnaire à 88 % qui ont des activités industrielles similaires. Par ailleurs, chacune des deux filiales détient 8 % du capital de l'autre.

Pour effectuer cette restructuration, la société CARL a décidé que la société BASIL absorbera la société ZOE dans une opération de fusion-renonciation.

Le contrat de fusion prévoit que la parité d'échange des titres est fondée sur les valeurs mathématiques des actions des deux sociétés telles qu'elles résultent de leur bilan du dernier exercice clos. Les bilans simplifiés des deux sociétés établis au 31 décembre N sont présentés en **Annexe.**

TRAVAIL À FAIRE

1. Présenter l'ensemble des calculs financiers préalables aux enregistrements comptables : calcul des valeurs mathématiques respectives, détermination de la parité, rémunération des apports en nombre d'actions à créer, montant de l'augmentation du capital et de la prime de fusion, montant de la réduction de capital. Pour ces calculs, il sera fait abstraction des aspects fiscaux.
2. Enregistrer la fusion chez BASIL SA.

Annexe : Bilans simplifiés au 31/12/N en K€

Postes	Société BASIL	Société ZOE
Immobilisations	2 450	2 300
Actions ZOE (800 actions)	200	-
Actions BASIL (1 600 actions)	-	240
Stocks de marchandises	200	250
Créances d'exploitation	100	400
Banque	50	10
Capital	2 000	2 000
Réserves	960	620
Emprunts	-	300
Dettes d'exploitation	40	280
Note : nombre d'actions composant le capital	20 000 actions	10 000 actions

Informations complémentaires :

- il existe une plus-value latente de 1 000 K€ sur les immobilisations de la société BASIL,
- il existe une plus-value latente de 300 K€ sur les immobilisations de la société ZOE.

Vous êtes enseignant ?

Pour vos élèves, pensez aux commandes classe (10 pochettes identiques) et vous recevrez **gratuitement** pour vous un énoncé **et** un corrigé de l'ouvrage commandé.

ABSORBA

Patricia Gouttefarde

Connaissances associées

Période intercalaire • Date d'effet comptable

MISE EN SITUATION

La société A absorbe la société B à effet au 1er janvier N, date d'arrêté des comptes ayant été utilisée pour établir les modalités de la fusion dans le traité. Les AGE statuant sur l'opération de fusion des deux sociétés se dérouleront le 1er septembre N. Comme convenu dans le projet de fusion, la balance des comptes relative aux opérations de la période intercalaire chez l'absorbée est reprise dans les comptes de l'absorbante (un extrait vous est communiqué en **Annexe 1**).

TRAVAIL À FAIRE

1. À l'aide d'un schéma, rappeler les notions de :
   - date d'effet rétroactif ;
   - date d'effet différé ;
   - période intercalaire.

   Quelle est la période intercalaire dans notre cas ?
2. Quelles sont les problématiques pouvant apparaître en cas d'effet rétroactif de la fusion ?
3. À partir de la balance des mouvements de l'**Annexe 1** et des informations de l'**Annexe 2**, procéder aux régularisations comptables nécessaires dans les comptes de l'absorbante.
4. *Des problèmes potentiels sur la signature de contrats de ventes pendant la période intercalaire font craindre, avec une forte probabilité, une perte de rétroactivité au niveau de la société absorbée B qui est évaluée à 250 000 €.*
   L'AGO de la société absorbante A en mai N+1 valide l'affectation d'un résultat N de 712 000 € en précisant que finalement la perte de rétroactivité de la société B reprise par l'absorbante A au moment de la fusion s'élève à 190 000 €.
   En utilisant l'**Annexe 3** :
   a) Préciser le traitement comptable à mettre en œuvre face à la perte de rétroactivité.
   b) Enregistrer les écritures nécessaires.
   c) Expliquer pourquoi ce traitement devrait avoir un caractère exceptionnel.

Annexe 1 : Extrait de la balance des mouvements de comptes de la période intercalaire au 01/09/N reprise par l'absorbante

COMPTES		MOUVEMENTS		SOLDES	
N°	Intitulé	Débit	Crédit	Débiteur	Créditeur
…	…	…	…	…	…
120	Résultat	275 000		275 000	
106	Réserves		125 000		125 000
2154	ITMOI		430 000		430 000
28154	Amortissements ITMOI	279 500	21 500	258 000	
401001	Fournisseurs A		60 000		60 000
457	Associés-dividendes à payer	150 000	150 000		
512	Banque	486 220	280 000	206 220	
601	Achats MP	87 250		87 250	
675	VCEAC	150 500		150 500	
681	DADP	21 500		21 500	
775	PCEA		180 000		180 000
…	…	…	…		…

Annexe 2 : Informations relatives aux opérations de la période intercalaire

Les comptes de l'exercice N-1 de la société B sont approuvés par l'AGO le 10 mai N. La répartition des bénéfices a donné lieu à versement de dividendes pour un montant de 150 000 €. Les écritures liées à cette opération ont été passées par l'absorbée pendant la période intercalaire. Le traité de fusion ayant anticipé cette distribution, une ligne spéciale du traité intitulée « Dividendes à verser pendant la période intercalaire » a été créée pour un montant de 150 000 €.

La société absorbée B a cédé le 30/06/N pendant la période intercalaire (en accord avec la société absorbante) un matériel industriel. Ce matériel était amorti de manière linéaire sur 10 ans. Toutes les écritures liées à cette cession ont été correctement enregistrées par l'absorbée.
Ce matériel a été apporté à l'absorbante pour une valeur de 120 000 €. La durée d'amortissement retenue par l'absorbante était de 3 ans en mode linéaire.

Pendant la période intercalaire, la société B a acheté des matières premières à crédit à la société A. L'opération a été correctement enregistrée par B.

Annexe 3 : Traitement de la perte de rétroactivité - Extrait des articles 751-2 et 751-3 du Plan comptable général

« [...] La société absorbante l'inscrit dans un sous-compte de la prime de fusion, et non en provisions pour risques et charges. En effet, elle ne doit pas reprendre en résultat une provision qui n'a jamais été dotée comptablement.
Lors de l'affectation du résultat de l'absorbante, la perte de l'absorbée constatée durant la période intercalaire est imputée sur le sous-compte de la prime de fusion. Après cette imputation, le solde du sous-compte de la prime de fusion est intégré à la prime de fusion [...] »

SAMA-PAVO

Patricia Gouttefarde

Connaissances associées

Apport partiel d'actifs

MISE EN SITUATION

Le groupe CPA a pour activité la conception et la commercialisation de matériel paysagiste et agricole destiné à une clientèle de professionnels (agriculteurs, paysagistes) mais également au grand public et aux collectivités.
La société mère du groupe est la holding CPA. CPA est une société anonyme qui contrôle de manière exclusive six filiales parmi lesquelles la SAMA (Société anonyme de matériel agricole) et PAVO SA (société de paysagisme et de voirie). Les filiales n'ont pas de lien de participation entre elles.

La direction du groupe réfléchit actuellement à une réorganisation de la répartition des activités entre les filiales du groupe en fonction du type de clientèle. Elle souhaite notamment regrouper au sein d'une même filiale la conception et la commercialisation du matériel d'entretien du paysage et du matériel de voirie destinés plus particulièrement aux collectivités locales. Pour ce faire, elle juge opportun l'apport par la SAMA de la branche « matériel paysagiste », branche d'activité autonome par rapport aux autres branches d'activité de cette filiale, à la société PAVO déjà spécialisée dans l'activité paysagiste et de voirie.

En **Annexe 1** figurent des extraits du projet d'apport partiel d'actifs de la SAMA à la société PAVO. En **Annexe 2** sont fournis les bilans résumés au 31/12/N-1 des deux sociétés.

TRAVAIL À FAIRE

1. Définir « apport partiel d'actifs » et « branche autonome d'activité ».
2. Peut-on soumettre l'apport partiel d'actifs au régime des scissions ? Si oui, quelle en sera la conséquence ?
3. Le régime fiscal de faveur des fusions s'applique-t-il aussi aux apports partiels d'actifs ? Si oui, à quelles conditions ?
4. À quelle valeur sont effectués les apports dans le cas d'un apport partiel d'actifs ? Dans notre cas, quelle valorisation doit être retenue ?
5. Déterminer les modalités financières de l'opération : nombre d'actions PAVO à créer en rémunération de l'apport, montant de l'augmentation de capital et celui de la prime d'apport.
6. Enregistrer au journal de chacune des deux sociétés les écritures qui résulteraient de cet apport partiel d'actifs.

Annexe 1 : Extraits du projet d'apport partiel d'actifs de la SAMA à la société PAVO

1. La SAMA a formé le projet d'apporter par voie d'apport partiel d'actifs soumis aux dispositions des articles L 236-16 à L 236-21 du Code de commerce à la société PAVO sa branche complète et autonome d'activité d'exploitation consistant en la conception et la diffusion de matériel paysagiste pour des clients professionnels et particuliers, dénommée ci-après « la branche complète et autonome de matériel paysagiste ».

2. Afin de réaliser l'opération d'apport partiel d'actifs, le présent contrat est établi avec notamment pour objet de déterminer la consistance des biens apportés.

Cette opération est placée, conformément à la faculté ouverte par l'article L 236-22 du Code de commerce, sous le régime juridique des scissions tel qu'il est prévu aux articles L 236-16 et L 236-21 dudit Code.

PROJET DE TRAITE

I. Caractéristiques juridiques des sociétés SAMA et PAVO

A. SAMA – Société apporteuse

La SAMA est une société anonyme à conseil d'administration au capital de 650 000 € ayant son siège social 4 rue de l'Industrie à 68000 COLMAR. Elle a été immatriculée au RCS de Mulhouse sous le numéro 321 654 987.
Elle est représentée par Madame Caroline Girard, Présidente-Directrice Générale, ayant tous pouvoirs à l'effet des présentes aux termes d'une délibération du Conseil d'administration du 20 mai N.

La société a pour objet, en France et à l'étranger : la conception et la diffusion de matériel paysagiste pour des clients professionnels et particuliers et plus généralement toutes opérations de quelque nature que ce soit pouvant se rattacher directement ou indirectement à cet objet social ou à tous objets connexes ou complémentaires.

Le capital social est divisé en 6 500 actions de 100 € chacune, libérées intégralement.

L'exercice social court du 1er janvier au 31 décembre.

Ladite société ci-après dénommée « la société apporteuse »

B. PAVO – Société bénéficiaire

La société PAVO est une société anonyme à conseil d'administration au capital de 1 200 000 € ayant son siège social 8 rue de l'Industrie à 68000 COLMAR. Elle a été immatriculée au RCS de Mulhouse sous le numéro 289 456 121.
Elle est représentée par Monsieur Pierre Muller, Président-Directeur Général, ayant tous pouvoirs à l'effet des présentes aux termes d'une délibération du Conseil d'administration du 20 mai N.

La société a pour objet, tant en France qu'à l'étranger : la conception, la fabrication et la diffusion de matériel de voirie et de paysagisme, la réalisation de travaux de voirie et paysagistes et, plus généralement, toutes opérations de quelque nature que ce soit pouvant se rattacher directement ou indirectement à cet objet social ou à tous objets connexes ou complémentaires.

Le capital est divisé en 12 000 actions de valeur nominale 100 € entièrement libérées.

L'exercice social court du 1er janvier au 31 décembre.

Ladite société ci-après dénommée « la société bénéficiaire »

L'opération est motivée par le souhait de regrouper au sein d'une même filiale du groupe CPA auquel appartiennent la société apporteuse et la société bénéficiaire la conception et la commercialisation du matériel d'entretien du paysage et du matériel de voirie ainsi que la réalisation de travaux de voirie et paysagistes.

La démarche envisagée consisterait en l'apport par la société apporteuse avec effet fiscal au 1er janvier N, au profit de la société bénéficiaire de la branche complète et autonome d'activité de matériel paysagiste.
Cet apport porterait sur l'ensemble des éléments d'actif et de passif rattachables à la branche d'activité.
(...)

III – Comptes utilisés pour établir les conditions de l'apport partiel d'actifs
Pour établir les conditions de l'opération, il a été décidé d'utiliser les comptes de l'exercice clos au 31/12/N-1 et approuvés par les assemblées générales de la société apporteuse et de la société bénéficiaire toutes deux tenues le 20 mai N. Les comptes annuels des deux sociétés figurent ci-après page ... Dans sa troisième résolution, l'assemblée générale ordinaire de la société PAVO a décidé de porter la totalité du résultat de l'exercice N en réserves.

IV – Méthode d'évaluation retenue
L'apport partiel d'actif est réalisé au profit d'une société sous contrôle commun de la société CPA. En conséquence, il sera réalisé aux valeurs nettes comptables conformément aux normes fixées par le règlement CRC 2004-01 et de l'avis du Comité d'urgence du CNC du 4 mai 2005[1].
Pour la rémunération de l'apport, il est prévu la valorisation des actions PAVO à leur valeur mathématique intrinsèque. Pour cette valorisation, il sera tenu compte de la fiscalité différée au taux d'IS en vigueur au 01/01/N soit 33,1/3%. Les actifs apportés étant destinés à être conservés, il ne sera pas tenu compte de la fiscalité latente.
Pour la détermination de la valeur mathématique de l'action PAVO, il est précisé les points suivants concernant certains postes du bilan établi au 31/12/N-1 :
Les frais de développement figurant au bilan concernent deux projets sur le point d'aboutir et pour lesquels des brevets seront prochainement déposés.
La provision pour risques se révèle surévaluée ; elle aurait dû être ramenée à 8 000 € fin N-1. La dotation a constitué une charge fiscalement déductible.
Les provisions réglementées correspondent à une provision pour hausse des prix.
La valeur réelle des éléments d'actif estimée au 31/12/N-1, selon le rapport de la société d'expertise XXX, est la suivante :

- Brevets et licences : 300 000
- Terrain : 506 667
- Construction : 960 000
- Autres immobilisations : 410 000
- Participations : 570 000

La valeur des autres éléments est correctement reflétée par leur valeur comptable nette.

V – Description et valorisation des apports

Valorisation de la branche « Matériel paysagiste »

Éléments apportés	Valeur réelle (1)	Valeur comptable		
		Valeur brute	Amortissements Dépréciations	Valeur nette
Actifs				
Terrain	60 000	20 000	-	20 000
Construction	115 000	75 000	30 000	45 000
Installations techniques	215 000	220 000	40 000	180 000
Autres immobilisations	310 000	380 000	150 000	230 000
Stock de matières et d'appro.	40 000	40 000	-	40 000
Stock de produits	180 000	180 000	-	180 000
Créances clients	95 000	95 000	-	95 000
Passifs				
Emprunts bancaires	120 000			120 000
Dettes fournisseurs	230 000			230 000
Dettes fiscales et sociales	65 000			65 000

(1) *La valeur réelle des actifs immobilisés est issue du rapport de la société d'expertise XXX établi au 31 décembre N-1.*

[1] Depuis la rédaction de ces statuts, les textes auxquels ils font référence ont été intégrés dans le Plan comptable général.

Annexe 2 : Bilans résumés

Société PAVO - Bilan au 31/12/N-1

ACTIF	Brut	Amort Dép	Net
Immobilisations incorporelles			
Frais d'établissement	100 000	70 000	30 000
Frais de développement	85 000	15 000	70 000
Concessions, brevets,...	200 000	40 000	160 000
Immobilisations corporelles			
Terrains	240 000	-	240 000
Constructions	890 000	230 000	660 000
Installations techniques...	760 000	580 000	180 000
Autres	340 000	40 000	300 000
Immobilisations financières			
Participations	230 000	-	230 000
Total I	2 845 000	975 000	1 870 000
Stocks et en-cours			
Matières premières	320 000	20 000	300 000
En-cours de production	135 000	-	135 000
Produits finis	675 000	-	675 000
Créances			
Créances clients	475 000	120 000	355 000
Autres créances	98 000	-	98 000
Valeurs mobilières	80 000	-	80 000
Disponibilités	134 000	-	134 000
Charges constatées d'avance	65 000	-	65 000
Total II	1 982 000	140 000	1 842 000
TOTAL	**4 827 000**	**1 115 000**	**3 712 000**

PASSIF	Montant
Capitaux propres	
Capital	1 200 000
Réserve légale	100 000
Autres réserves	45 000
Report à nouveau	10 000
Résultat	435 000
Provisions réglementées	60 000
Total I	1 850 000
Provisions pour risques et charges	
Provisions pour risques	58 000
Total II	58 000
Dettes	
Emprunts auprès des éts de crédit	780 000
Emprunts et dettes financières divers	240 000
Dettes fournisseurs et comptes rattachés	430 000
Dettes fiscales et sociales	354 000
Total III	1 804 000
TOTAL	**3 712 000**

SAMA - Bilan au 31/12/N-1

ACTIF	Brut	Amort Dép	Net
Immobilisations incorporelles			
Frais d'établissement	30 000	22 500	7 500
Immobilisations corporelles			
Terrains	50 000	-	50 000
Constructions	240 000	72 000	168 000
Installations techniques, ...	580 000	150 000	430 000
Autres	620 000	240 000	380 000
Immobilisations financières			
Participations	99 234	-	99 234
Total I	1 619 234	484 500	1 134 734
Stocks et en-cours			
Matières premières	145 000	5 000	140 000
Produits finis	450 000	-	450 000
Créances			
Créances clients	325 000	12 000	313 000
Autres créances	42 000	-	42 000
Disponibilités	56 000		56 000
Charges constatées d'avance	45 000		45 000
Total II	1 063 000	17 000	1 046 000
TOTAL	**2 682 234**	**501 500**	**2 180 734**

PASSIF	Montant
Capitaux propres	
Capital	650 000
Réserve légale	50 000
Autres réserves	40 200
Report à nouveau	(11 966)
Résultat	36 000
Total I	746 234
Provisions pour risques et charges	-
Total II	
Dettes	
Emprunts auprès des éts de crédit	462 500
Dettes fournisseurs et comptes rattachés	622 000
Dettes fiscales et sociales	251 000
Dettes sur immobilisations	25 000
Produits constatés d'avance	56 000
Total III	1 416 500
TOTAL	**2 180 734**

Éditions Corroy • 4 rue de Villars, 42000 Saint-Étienne • 04 77 79 92 46 • infos@editions-corroy.fr

ÉCHIDNA

Emmanuelle Pèpe

Connaissances associées

Scission • Affectation du mali technique

MISE EN SITUATION

Les sociétés PHORCYS et CÉTO détiennent chacune 50% des actions de la SAS ÉCHIDNA. Un accord contractuel prévoit que toutes les décisions essentielles relatives à la société ÉCHIDNA nécessitent leur consentement mutuel. Elles sont elles-mêmes sous le contrôle de la SA GAÏA, qui détient 80% des titres de la SA PHORCYS et 60% des titres de la SA CÉTO.

La société ÉCHIDNA est spécialisée dans la fabrication de cacao, chocolat et produits de confiserie. Son activité est divisée en deux grands pôles : le pôle «Décors» et le pôle «Matériel». Le pôle «Décors» développe des produits alimentaires destinés aux pâtissiers professionnels et amateurs (décors en chocolat, personnalisation, feuilles imprimées, moules...). Le pôle «Matériel» propose aux professionnels de la pâtisserie des machines industrielles (tempéreuses à chocolat, dresseuses, batteurs, fours...).

Les sociétés PHORCYS et CÉTO ont décidé de scinder la société ÉCHIDNA et d'apporter le pôle « Décors » à la société PHORCYS. Le pôle « Matériel » sera apporté à la société CÉTO.

Les informations relatives à l'opération de scission sont fournies en **Annexes 1, 2** et **3**.

TRAVAIL À FAIRE

1. Indiquer, pour chacune des sociétés bénéficiaires, le type de valeur d'apport à retenir. Qu'en serait-il si la société GAÏA ne détenait que 10% des titres de la SA PHORCYS et 30% des titres de la SA CÉTO ?
2. Dans le cadre de l'apport à la société PHORCYS :
   a) Calculer le montant de la prime de scission et le mali sur les titres ÉCHIDNA détenus.
   b) Décomposer le mali et procéder à l'affectation du mali technique.
3. Dans le cadre de l'apport à la société CÉTO, calculer le montant de la prime de scission et du boni.

Annexe 1 : Bilan résumé de la société ÉCHIDNA à la date de scission

ACTIF		PASSIF	
Immobilisations incorporelles	1 000 000	Capital	1 000 000
Immobilisations corporelles	4 000 000	Réserves	3 000 000
		Résultat	1 000 000
Stocks	3 000 000		
Créances	500 000	Emprunts	1 500 000
Disponibilités	500 000	Dettes diverses	2 500 000
Total	**9 000 000**	**Total**	**9 000 000**

Annexe 2 : Informations complémentaires relatives à la société ÉCHIDNA

Au 31/12/N, il existe des plus-values latentes et des éléments non comptabilisés :

Plus-values latentes et éléments non comptabilisés	Montants en euros
Brevets	500 000
Fonds commercial (1)	300 000
Terrain	1 000 000
Constructions	1 500 000
Autres immobilisations corporelles	200 000
Provision pour retraites	500 000

(1) *Il s'agit du fonds commercial créé par la société.*

Par simplification, il ne sera tenu compte ni des impôts différés, ni des impôts latents.

Annexe 3 : Autres éléments d'information

Par simplification, on considérera que le partage des actifs et des passifs de la société ÉCHIDNA se fera à 60% au bénéfice de la société PHORCYS (pôle « Décors ») et à 40 % au bénéfice de la société CÉTO (pôle « Matériel »).

Sociétés	Nombre d'actions	Valeurs nominales	Valeurs mathématiques intrinsèques	Coût d'acquisition des titres ÉCHIDNA détenus
ÉCHIDNA	50 000	20	160	/
PHORCYS	50 000	100	200	1 750 000€
CÉTO	10 000	50	250	950 000€

CADRINTER

Patricia Gouttefarde & Emmanuelle Pèpe

Connaissances associées
Cadre conceptuel

MISE EN SITUATION

Mélanie Martin effectue sa formation en vue de l'obtention du DSCG et travaille en cabinet d'expertise-comptable en tant que collaboratrice stagiaire depuis 6 mois. Sa tutrice, Michelle Sanchez, apprécie le travail de Mélanie et envisage de l'affecter au service international du cabinet. Pour ce faire, elle lui conseille de se documenter au préalable sur les normes internationales que doivent appliquer certains clients du cabinet pour la présentation de leurs comptes annuels. Sa préparation peut, le cas échéant, faire l'objet d'une présentation à ses collègues lors d'une des séances de formation interne mensuelles, voire d'une « fiche » à intégrer à la documentation propre au cabinet.

Mélanie, consciente des enjeux professionnels liés à la demande de sa tutrice et la considérant aussi comme une opportunité pour en creuser la dimension théorique utile pour l'examen, décide d'aborder le problème de façon pédagogique. Pour ce faire, elle se fixe une liste de points à traiter sous forme de « travaux à faire ».
À l'issue de ses travaux de recherche préalable, elle a établi une liste de sites à consulter en priorité (**Annexe 1**) et a stocké d'ores et déjà quelques extraits qu'elle considère comme fondamentaux pour la poursuite de son travail (**Annexe 2**).

TRAVAIL À FAIRE

1. Définir et distinguer : norme, cadre conceptuel.
2. Établir un lexique des sigles et acronymes suivants : ANC, ARC, EFRAG, IASB, IFRS, IFRS AC, IFRS Foundation, IFRS Interpretations Committee (ex-IFRIC), SIC.
3. Définir la fonction des parties prenantes citées dans les objectifs du cadre conceptuel (voir l'extrait 3 des textes sélectionnés) : normalisateurs, préparateurs, auditeurs, utilisateurs.
4. Analyser et synthétiser le contenu du cadre conceptuel de l'IASB.

Annexe 1 : Sites à consulter impérativement

http://www.focusifrs.com/
http://www.efrag.org/
http://www.anc.gouv.fr/cms/sites/anc/accueil/normes-internationales.html
https://www.ifrs.org/

Annexe 2 : Extraits sélectionnés

Extrait n° 1 - Procédure d'adoption des normes comptables internationales au sein de l'UE
Source : http://www.focusifrs.com/

Les normes comptables internationales (c'est-à-dire les IAS, les IFRS ainsi que les interprétations qui s'y rapportent) sont élaborées et publiées par l'IASB.
Leur publication par cet organisme ne les rend pas directement applicables en Europe. Pour être applicables en Europe, les normes comptables internationales doivent :
(i) être adoptées par la Commission européenne (CE) - après avoir sollicité l'avis du comité de

réglementation comptable et les avoir soumises à la procédure de réglementation avec contrôle du Parlement européen et du Conseil (pour en savoir plus, consulter l'article **Nouvelle procédure européenne d'adoption des IFRS**), et
(ii) être publiées intégralement dans chacune des langues officielles de l'Union européenne (UE) sous la forme d'un règlement au JOUE (art. 3 du **règlement CE n° 1606/2002 du 19 juillet 2002**, dont l'objet est l'adoption et l'application des normes comptables internationales dans l'UE).
Les normes comptables internationales ne peuvent être adoptées que si (article 3) :
- elles ne sont pas contraires au principe d'image fidèle ;
- elles répondent à l'intérêt public européen ;
- elles satisfont aux critères d'intelligibilité, de pertinence, de fiabilité et de comparabilité exigés de l'information financière nécessaire à la prise de décisions économiques et à l'évaluation de la gestion des dirigeants de la société.

Le processus d'adoption s'effectue en collaboration avec le Comité de réglementation comptable et l'EFRAG.

Extrait n° 2 – Le cadre général des normes IFRS
Source : http://www.anc.gouv.fr/

Le cadre général recouvre le cadre conceptuel, qui n'est pas une norme, et la norme IFRS 13, portant sur la juste valeur.

Le cadre conceptuel ne constituant pas une norme comptable internationale ni une interprétation ne doit pas être adopté en droit communautaire. Bien que le cadre conceptuel n'ait pas été adopté, certaines normes (IAS 1 et IAS 8) qui l'ont été par règlement y font référence, dans le silence des textes IFRS. Le cadre conceptuel est un document d'orientation qui s'attache aux concepts de la normalisation et qui n'introduit pas de prescriptions, lesquelles relèvent des normes elles-mêmes.

L'actuel cadre conceptuel, qui remonte à 1989, fait l'objet de travaux de révision depuis 2004 qui, outre 3 exposés-sondages (en 2008, 2010 et 2015), ont donné lieu à de nombreux débats dans le domaine de la recherche comptable.

La norme IFRS 13, évaluation de la juste valeur, a été rattachée au cadre conceptuel dans la mesure où elle détaille une méthode d'évaluation développée dans le cadre conceptuel.

Extrait n° 3 – L'objectif du cadre conceptuel
Sources : focusifrs et site de l'IFRS

Le cadre conceptuel définit les concepts qui sont à la base de la préparation et de la présentation des états financiers à l'usage des utilisateurs externes. L'objectif de ce cadre est notamment :
- d'aider l'IASB à développer les futures normes comptables internationales et à réviser celles qui existent déjà ;
- d'aider les organismes de normalisation nationaux à développer des normes nationales ;
- d'aider les préparateurs des états financiers à appliquer les IAS et IFRS et à traiter de sujets qui doivent encore faire l'objet d'une norme ;
- d'aider les auditeurs à se faire une opinion sur la conformité des états financiers avec les normes comptables internationales ;
- d'aider les utilisateurs des états financiers à interpréter l'information contenue dans les états financiers préparés en conformité avec les normes comptables internationales.

INFOFI

Emmanuelle Pèpe & Fanny Ziegelmeyer

Connaissances associées

Information financière • IAS 1 et 7

MISE EN SITUATION

Très intéressée par son travail sur le cadre conceptuel[2], Mélanie Martin décide de le prolonger en s'interrogeant sur l'information financière produite dans le cadre des normes IFRS, les critères favorisant sa qualité ainsi que le contenu de cette information.

Pour cela, elle décide, en parallèle de la consultation du cadre conceptuel et des normes IAS/IFRS encadrant l'information produite, d'analyser et d'illustrer la mise en œuvre des principes de présentation prévus par les normes internationales à partir des états financiers publiés par le groupe SANOFI (**Annexes 1 et 2**).

TRAVAIL À FAIRE

Analyse préalable :

1. Analyser et distinguer les documents en **Annexes 1** et **2**. Indiquer leur origine et étudier leur finalité. À partir de ces documents et de l'analyse effectuée, quelle distinction peut être faite entre « information financière » et « communication financière » ?

Information financière en normes internationales :

2. Rappeler les objectifs de l'information financière tels qu'ils sont définis par l'IASB ainsi que les critères d'efficacité de cette information.
   En quoi les dispositions des normes IAS/IFRS concernant les états financiers permettent-elles de satisfaire ces critères ?

Pour répondre aux questions suivantes, consulter les normes IAS 1 et IAS 7.

3. Rechercher le contenu d'un jeu complet d'états financiers selon la norme IAS1 ainsi que les caractéristiques générales qu'ils doivent respecter.
   Pour chacun de ces documents, présenter les informations qui doivent obligatoirement y figurer.
4. Dans le bilan consolidé de SANOFI, l'actif et le passif sont classés en deux catégories : non-courant et courant. Rappeler la distinction faite entre ces catégories.
5. Rappeler les possibilités en matière de présentation du résultat global de l'exercice. Identifier et discuter les choix effectués par SANOFI.

[2] Cf. cas CADRINTER.

Annexe 1

Source : http://www.sanofi.com/

Document 1 : Extrait de la lettre aux actionnaires de Sanofi (mars 2019)

MESSAGE DU PRÉSIDENT

Chers actionnaires,

2018 a été une année charnière pour Sanofi. Après trois ans de transformation et d'exécution d'une feuille de route ambitieuse, nos équipes ont réalisé des progrès significatifs : un recentrage de l'entreprise sur la santé humaine, en mettant l'accent sur la Médecine de spécialités et les Vaccins ; le renforcement de nos positions dans les marchés émergents au fort potentiel de croissance ; et l'élargissement de notre portefeuille de recherche à de nouvelles technologies assurant une innovation continue au service des patients.

Ces progrès nous ont également permis de renouer avec la croissance et de réaliser nos objectifs de performance financière. Dans la continuité de notre engagement pour une croissance progressive du dividende, le Conseil d'administration a proposé un dividende de 3,07 €, soit la 25ᵉ année consécutive de croissance, sous réserve d'approbation par l'assemblée générale du 30 avril.

Nous souhaitons marquer ainsi notre confiance en l'avenir de Sanofi. La croissance initiée au deuxième semestre 2018 marque le début d'une nouvelle phase pour l'entreprise. Face aux mutations de l'industrie, Sanofi poursuivra en 2019 sa transformation afin d'accomplir sa mission de leader de la santé, à la pointe de l'innovation.

Je vous remercie de votre confiance et de votre fidélité.

« La croissance initiée au deuxième semestre 2018 marque le début d'une nouvelle phase pour l'entreprise. »

RÉSULTATS ANNUELS 2018

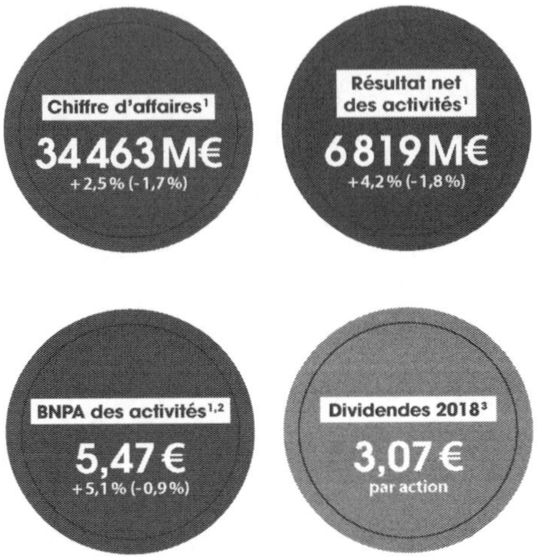

INTERVIEW DU DIRECTEUR GÉNÉRAL

Document 2 : Extraits de l'infographie Sanofi accompagnant la lettre aux actionnaires

OLIVIER BRANDICOURT

"En 2019, nous poursuivrons la dynamique initiée en 2018"

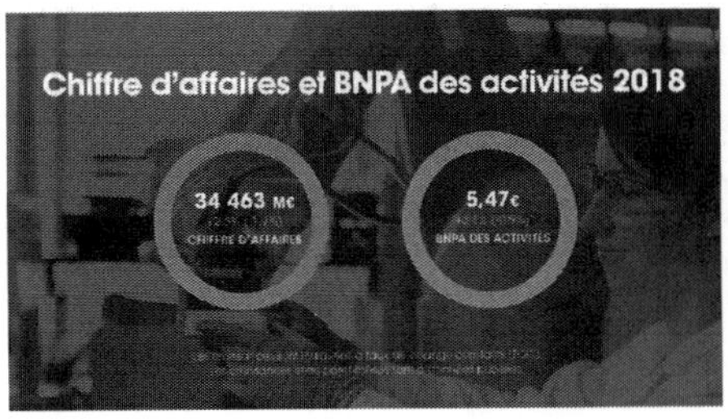

Annexe 2 : Extraits du document de référence 2018 Sanofi – États financiers consolidés annuels

Document 1 : Bilan consolidé

Bilans consolidés – actif

(en millions d'euros)	Note	31 décembre 2018	31 décembre 2017[a]	31 décembre 2016[a]
Immobilisations corporelles	D.3.	9 651	9 579	10 019
Écarts d'acquisition	D.4.	44 235	40 264	40 287
Autres actifs incorporels	D.4.	21 889	13 080	10 879
Participations dans des sociétés mises en équivalence	D.6.	3 402	2 847	2 892
Autres actifs non courants	D.7.	2 971	3 364	2 820
Impôts différés actifs	D.14.	4 613	4 291	4 670
Actif non courant		**86 761**	**73 425**	**71 567**
Stocks	D.9.	7 477	6 818	6 896
Clients et comptes rattachés	D.10.	7 260	7 216	7 311
Autres actifs courants	D.11.	2 917	2 005	2 211
Trésorerie et équivalents de trésorerie	D.13. - D.17.	6 925	10 315	10 273
Actif courant		**24 579**	**26 354**	**26 691**
Actifs destinés à être cédés ou échangés	D.8. -D.36.	68	34	6 421
Total de l'actif		**111 408**	**99 813**	**104 679**

(a) Y compris les impacts de la nouvelle norme IFRS 15 sur la comptabilisation du chiffre d'affaires (voir note A.2.1.1.).

Bilans consolidés – capitaux propres et passif

(en millions d'euros)	Note	31 décembre 2018	31 décembre 2017[a]	31 décembre 2016[a]
Capitaux propres – Part attribuable aux Actionnaires de Sanofi	D.15.	58 876	58 070	57 552
Capitaux propres – Part attribuable aux Intérêts Non Contrôlants	D.16.	159	169	170
Total des capitaux propres		**59 035**	**58 239**	**57 722**
Emprunts à long terme – partie à plus d'un an	D.17.	22 007	14 326	16 815
Passifs non courants liés à des regroupements d'entreprises et à des intérêts non contrôlants	D.18.	963	1 026	1 378
Provisions et autres passifs non courants	D.19.	8 613	9 154	8 834
Impôts différés passifs	D.14.	3 414	1 605	2 292
Passif non courant		**34 997**	**26 111**	**29 319**
Fournisseurs et comptes rattachés		5 041	4 633	4 297
Passifs courants liés à des regroupements d'entreprises et à des intérêts non contrôlants	D.18.	341	343	198
Provisions et autres passifs courants	D.19.5.	9 361	9 212	10 184
Emprunts à court terme et part à court terme de la dette à long terme	D.17.	2 633	1 275	1 764
Passif courant		**17 376**	**15 463**	**16 443**
Passifs relatifs aux actifs destinés à être cédés ou échangés	D.8. - D.36.	—	—	1 195
Total des capitaux propres et du passif		**111 408**	**99 813**	**104 679**

(a) Y compris les impacts de la nouvelle norme IFRS 15 sur la comptabilisation du chiffre d'affaires (voir note A.2.1.1.).

Document 2 : État du résultat global

Comptes de résultats consolidés

(en millions d'euros)	Note	2018	2017[(a)]	2016[(a)]
Chiffre d'affaires	D.35.1.	**34 463**	**35 072**	**33 809**
Autres revenus		1 214	1 149	887
Coût des ventes		(11 435)	(11 613)	(10 701)
Marge brute		**24 242**	**24 608**	**23 995**
Frais de recherche et développement		(5 894)	(5 472)	(5 172)
Frais commerciaux et généraux		(9 859)	(10 072)	(9 478)
Autres produits d'exploitation	D.25.	484	237	355
Autres charges d'exploitation	D.26.	(548)	(233)	(482)
Amortissements des incorporels		(2 170)	(1 866)	(1 692)
Dépréciations des incorporels	D.5.	(718)	(293)	(192)
Ajustement de la juste valeur des compléments de prix	D.18.	117	(159)	(135)
Coûts de restructuration et assimilés	D.27.	(1 480)	(731)	(879)
Autres gains et pertes, litiges	D.28.	502	(215)	211
Résultat opérationnel		**4 676**	**5 804**	**6 531**
Charges financières	D.29.	(435)	(420)	(924)
Produits financiers	D.29.	164	147	68
Résultat avant impôts et sociétés mises en équivalence	D.35.1.	**4 405**	**5 531**	**5 675**
Charges d'impôts	D.30.	(481)	(1 722)	(1 325)
Quote-part du résultat net des sociétés mises en équivalence	D.31.	499	85	136
Résultat net de l'ensemble consolidé hors activité Santé animale échangée ou destinée à être échangée		**4 423**	**3 894**	**4 486**
Résultat net de l'activité Santé animale échangée ou destinée à être échangée[(b)]	D.36.	(13)	4 643	314
Résultat net de l'ensemble consolidé		**4 410**	**8 537**	**4 800**
Part attribuable aux Intérêts Non Contrôlants	D.32.	104	121	91
Résultat net consolidé – Part attribuable aux Actionnaires de Sanofi		**4 306**	**8 416**	**4 709**
Nombre moyen d'actions en circulation (en millions)	D.15.9.	1 247,1	1 256,9	1 286,6
Nombre moyen d'actions après dilution (en millions)	D.15.9.	1 255,2	1 266,8	1 296,0
♦ Résultat de base par action (en euros)		3,45	6,70	3,66
♦ Résultat de base par action (en euros) hors activité Santé animale échangée ou destinée à être échangée		3,46	3,00	3,42
♦ Résultat dilué par action (en euros)		3,43	6,64	3,63
♦ Résultat dilué par action (en euros) hors activité Santé animale échangée ou destinée à être échangée		3,44	2,98	3,39

États consolidés du résultat global

(en millions d'euros)	Note	2018	2017[(a)]	2016[(a)]
Résultat net de l'ensemble consolidé		**4 410**	**8 537**	**4 800**
Part attribuable aux Actionnaires de Sanofi		*4 306*	*8 416*	*4 709*
Part attribuable aux Intérêts Non Contrôlants		*104*	*121*	*91*
Autres éléments du résultat global :				
♦ Gains et (pertes) actuariels	D.15.7.	201	(28)	(106)
♦ Variation de juste valeur des instruments de capitaux propres en actifs financiers[(b)]	D.15.7.	(537)	—	—
♦ Effet d'impôts	D.15.7.	31	(90)	(22)
Sous-total des éléments ne faisant pas ultérieurement l'objet d'un reclassement en résultat (A)		**(305)**	**(118)**	**(128)**
♦ Variation de juste valeur des actifs financiers disponibles à la vente[(b)]	D.15.7.	—	838	(105)
♦ Variation de juste valeur des instruments de dette en actifs financiers[(b)]	D.15.7.	(4)	—	—
♦ Variation de juste valeur des couvertures de flux de trésorerie	D.15.7.	3	(24)	31
♦ Écarts de conversion	D.15.7.	1 194	(3 239)	1 090
♦ Effet d'impôts	D.15.7.	71	(137)	40
Sous-total des éléments faisant ultérieurement l'objet d'un reclassement en résultat (B)		**1 264**	**(2 562)**	**1 056**
Autres éléments du résultat global au titre de la période, nets d'impôts (A+B)		**959**	**(2 680)**	**928**
Résultat global de l'ensemble consolidé		**5 369**	**5 857**	**5 728**
Part attribuable aux Actionnaires de Sanofi		*5 269*	*5 751*	*5 634*
Part attribuable aux Intérêts Non Contrôlants		*100*	*106*	*94*

SFE

Emmanuelle Pèpe & Fanny Ziegelmeyer

Connaissances associées

Immobilisations corporelles et incorporelles • Dépréciations d'actifs • IAS 16, 20, 36, 38 et 40

MISE EN SITUATION

La société SFE (Société de Forage de l'Est) est une société de forage et de reconditionnement de puits gaziers et géothermiques. Créée il y a 30 ans et implantée depuis le début à Metz, la société a été très récemment rachetée par un groupe allemand d'envergure internationale et qui souhaite développer sa présence dans le forage géothermique.

Dans le cadre du reporting mensuel à la société mère allemande et afin de rendre les informations remontées plus lisibles, le groupe demande de produire des informations comptables et financières conformes au référentiel international, qui est celui utilisé pour les comptes consolidés. Désormais, SFE tiendra donc sa comptabilité en appliquant les normes IFRS et, lors de la clôture et l'établissement des documents de synthèse, opérera un passage vers les normes françaises du PCG.

Afin de préparer le passage aux normes internationales, des groupes de travail sont formés visant à identifier et approfondir les principales différences comptables entre les normes françaises et internationales. Leïla, alternante DSCG au sein du service comptable de la société, est chargée de ce travail pour les immobilisations. Son premier travail a consisté en un recensement des opérations sur immobilisations récemment effectuées par SFE et susceptibles d'être concernées par le changement de référentiel (**Annexe 1**). Elle a également effectué de premières recherches sur les règles d'évaluation des immobilisations dans les référentiels français et international (**Annexes 2 et 3**).

TRAVAIL À FAIRE

Pour répondre aux questions suivantes, consulter les normes IAS 16 et IAS 38.

1. À partir du comparatif figurant en **Annexe 2**, identifier les principales différences existant entre les référentiels français et international en ce qui concerne la définition et l'évaluation des immobilisations corporelles et incorporelles.
2. Pour chacune des opérations en **Annexe 1** :
   - analyser l'opération et identifier les spécificités du traitement IAS/IFRS ;
   - présenter les écritures à enregistrer en cours d'exercice puis à l'inventaire.

   ***NB** : pour l'opération 1.1, seules les écritures relatives à l'immobilisation sont attendues. Il n'est pas demandé de passer les écritures concernant l'emprunt et le placement des fonds.*
3. Pour l'opération 1.2, expliquer quelles auraient été les différences de traitement si, à la place de nouveaux bureaux, SFE avait fait l'acquisition d'un immeuble pour le mettre en location. Présenter les écritures modifiées, sachant que, dans ce cas, le groupe préconise l'application du modèle de la juste valeur.

Dans la continuité de ce travail et afin d'approfondir sa compréhension de l'évaluation des immobilisations conformément aux normes internationales, Leïla décide de poursuivre ses recherches en s'intéressant cette fois aux règles applicables à la dépréciation des actifs et en les confrontant à certaines situations spécifiques réalisées par SFE (**Annexe 4**).

TRAVAIL À FAIRE

Pour répondre aux questions suivantes, consulter la norme IAS 36.

4. Présenter la démarche à mettre en œuvre pour l'identification, l'évaluation et la comptabilisation d'une dépréciation selon IAS 36.
5. Analyser les opérations en **Annexe 4** et présenter les écritures d'inventaire nécessaires.

***Remarque** : pour l'ensemble du cas, la TVA sera négligée.*

Annexe 1 : Opérations sur immobilisations réalisées par SFE

1.1 Mise en service d'une nouvelle plateforme de forage au Maroc, produite par SFE	Date de début de production : 01/02/N. Date de mise en service : 30/11/N. Coût de production engagé selon le service contrôle de gestion : 2 500 000 €. Financement partiel par un emprunt dédié contracté le 15/01/N, aux conditions suivantes : 1 800 000 €, remboursables in fine le 15/01/N+2, taux de 3,5%. Le placement temporaire des fonds a généré un produit de 1 500 €. Évaluation ultérieure : coût amorti. Durée d'utilité estimée : 20 ans. Amortissement : linéaire. Engagement de démantèlement à l'issue de l'exploitation de la plateforme estimé à 300 000 €. Afin de garantir le bon fonctionnement de la plateforme, un nettoyage et une révision des réservoirs doivent être effectués tous les 2 ans, pour un coût estimé à 20 000 €.
1.2 Acquisition de nouveaux bureaux à proximité du site historique, pour les services administratifs	Date d'acquisition : 01/01/N-1. Coût d'acquisition : 260 000 €. Honoraires du notaire : 3 320 €. Droits d'enregistrement : 15 000 €. Évaluation ultérieure : le groupe préconise le modèle de la réévaluation. Durée d'utilité estimée : 40 ans. Amortissement : linéaire. Juste valeur estimée fin N : 280 000 €.
1.3 Acquisition d'un nouvel appareil de forage	Date d'acquisition : 01/04/N. Coût d'acquisition total : 350 000 €. Conditions de règlement : 175 000 € comptant ; 140 000 € au bout d'un an ; le solde au bout de 2 ans. Évaluation ultérieure : coût amorti. Durée d'utilité estimée : 20 ans. Amortissement : linéaire. S'agissant d'un appareil dit « vert », qui permet de minimiser l'impact sur l'environnement, SFE a bénéficié d'une subvention d'équipement de 20% du prix facturé. Le groupe préconise de la comptabiliser en produit différé.
1.4 Développement d'une nouvelle tête de forage géothermique	Les dépenses suivantes ont été engagées : - études techniques préalables et évaluation d'autres systèmes et procédés : 42 000 € ; - conception et construction du prototype : 154 000 € ; - tests et réglages : 46 000 €. Fin du projet et mise en service : 01/10/N. Durée d'utilité : 5 ans. Cette nouvelle tête devrait bouleverser les techniques de forage actuellement employées. SFE envisage donc de développer une nouvelle activité de production de ces nouvelles têtes, qu'elle commercialiserait sur le marché du forage géothermique. Elle décide dès à présent de faire les démarches nécessaires pour déposer la marque relative au produit développé (BOWSCO 4.2). Dépenses de recherche pour le développement de la marque : 15 000 €. Coût du dépôt de la marque : 250 €. Toutes ces dépenses ont été enregistrées en charges en cours d'exercice.

Le taux d'actualisation appliqué par SFE est de 8%.

Annexe 2 : Comparatif des règles d'évaluation des immobilisations

	PCG	IAS/IFRS
Définition	Une immobilisation corporelle est un actif physique détenu, soit pour être utilisé dans la production ou la fourniture de biens ou de services, soit pour être loué à des tiers, soit à des fins de gestion interne et dont l'entité attend qu'il soit utilisé au-delà de l'exercice en cours. Une immobilisation incorporelle est un actif non monétaire sans substance physique. Elle est identifiable si elle est séparable des activités de l'entité (elle peut être vendue, louée ou échangée) ou si elle résulte d'un droit légal ou contractuel. Un actif est un élément identifiable du patrimoine ayant une valeur économique positive pour l'entité, c'est-à-dire un élément générant une ressource que l'entité contrôle du fait d'événements passés et dont elle attend des avantages économiques futurs.	Une immobilisation corporelle est un actif corporel détenu par une entité soit pour être utilisé dans la production ou la fourniture de biens ou de services, soit pour être loué à des tiers, soit à des fins administratives, et dont on s'attend à ce qu'il soit utilisé sur plus d'une période (IAS 16). Une immobilisation incorporelle est un actif non monétaire identifiable sans substance physique (IAS 38). Un actif est jugé identifiable s'il est séparable de l'entité (il peut être vendu, loué ou échangé) ou s'il résulte d'un droit légal ou contractuel. Le cadre conceptuel définit un actif comme étant une ressource contrôlée par l'entité du fait d'événements passés et dont elle attend des avantages économiques futurs.
Conditions de comptabilisation	Il est probable que l'entité bénéficiera des avantages économiques futurs correspondants. Son coût ou sa valeur peut être évalué avec une fiabilité suffisante.	Il est probable que les avantages économiques futurs attribuables à l'immobilisation iront à l'entité. Le coût de l'immobilisation doit être évalué de manière fiable.
Comptabilisation initiale	Évaluation au coût d'acquisition ou de production. Le coût d'acquisition comprend : - le prix d'achat, y compris les droits de douane et taxes non récupérables, après déduction des remises, rabais commerciaux et escomptes de règlement ; - tous les coûts directement attribuables engagés pour mettre l'actif en place et en état de fonctionner selon l'utilisation prévue par la direction. Dans les comptes individuels, les droits de mutation, honoraires ou commissions et frais d'actes, liés à l'acquisition, peuvent sur option, être rattachés au coût d'acquisition de l'immobilisation (méthode de référence) ou comptabilisés en charges. - l'estimation initiale des coûts de démantèlement, d'enlèvement et de restauration du site sur lequel elle est située, en contrepartie de l'obligation encourue. Le coût de production comprend le coût des matières ainsi que les charges directes et indirectes de production. L'affectation des frais généraux fixes de production se fait sur la base de la capacité normale de production, c'est-à-dire en excluant la sous-activité. Les coûts d'emprunts peuvent être rattachés au coût d'acquisition selon les dispositions prévues à l'article 213-9.	Évaluation au coût d'acquisition ou de production. Le coût d'acquisition comprend : - le prix d'achat, après déduction des remises et rabais, et y compris les droits de douane et taxes non récupérables ; - les coûts directement attribuables au transfert et à la mise en service de l'actif ; - pour les immobilisations corporelles, l'estimation initiale des coûts de démantèlement de l'actif et de remise en état du site. Le coût de production est calculé selon les règles d'IAS 2 « Stocks » et comprend le coût des matières ainsi que les charges directes et indirectes de production. L'affectation des frais généraux fixes de production se fait sur la base de la capacité normale de production, c'est-à-dire en excluant la sous-activité. Cette évaluation initiale doit tenir compte des conditions de règlement de l'actif, notamment si celui-ci se fait de manière différée. De même, les coûts d'emprunt doivent être incorporés au coût de l'immobilisation, dans les conditions définies par IAS 23 « Coûts d'emprunt ».
Évaluation ultérieure – à l'inventaire	Un actif immobilisé dont la durée d'utilisation est limitée fait l'objet d'un amortissement sur sa durée d'utilisation. L'immobilisation fait également l'objet d'une dépréciation dès lors qu'il existe un indice de perte de valeur. Une réévaluation de la valeur des immobilisations peut être effectuée de manière ponctuelle. Cette réévaluation est alors globale et porte sur l'ensemble des immobilisations corporelles et financières.	L'entité a le choix entre deux modèles. - Modèle du coût : évaluation au coût initial diminué des amortissements et pertes de valeur. - Modèle de la réévaluation : évaluation au montant réévalué, qui correspond à la juste valeur en date de réévaluation, diminuée du cumul des amortissements et pertes de valeurs ultérieures. L'application de ce modèle nécessite que la juste valeur puisse être évaluée de manière fiable et que les réévaluations soient effectuées avec une régularité suffisante. Le recours à ce modèle suppose l'existence d'un marché actif, ce qui reste exceptionnel pour la plupart des immobilisations incorporelles. Ce choix s'opère par catégorie d'immobilisations. Indépendamment du modèle retenu, l'immobilisation doit faire l'objet d'un amortissement sur sa durée d'utilité. Les immobilisations doivent faire l'objet de dépréciations dans les conditions définies par IAS 36 « Dépréciations d'actifs ».

Annexe 3 : Extraits de la norme IAS 20 « Comptabilisation des subventions publiques et informations à fournir sur l'aide publique »

3- Les subventions publiques sont des aides publiques prenant la forme de transferts de ressources à une entité, en échange du fait que celle-ci s'est conformée ou se conformera à certaines conditions liées à ses activités opérationnelles. Elles excluent les formes d'aide publique dont la valeur ne peut pas être raisonnablement déterminée et les transactions avec l'État qui ne peuvent pas être distinguées des transactions commerciales habituelles de l'entité.
Les subventions liées à des actifs sont des subventions publiques dont la condition principale est qu'une entité répondant aux conditions d'obtention doit acheter, construire ou acquérir par tout autre moyen des actifs à long terme. Des conditions accessoires peuvent aussi être prévues pour restreindre le type ou l'implantation géographique des actifs ou les périodes pendant lesquelles ils doivent être achetés ou détenus.

[...]

12- Les subventions publiques doivent être comptabilisées en produits, sur une base systématique sur les périodes nécessaires pour les rattacher aux coûts liés qu'elles sont censées compenser.

[...]

24- Les subventions liées à des actifs, y compris les subventions non monétaires évaluées à la juste valeur, doivent être présentées au bilan soit en produits différés, soit en déduisant la subvention pour arriver à la valeur comptable de l'actif.

[..]

26 - Une méthode présente la subvention en produits différés qui est comptabilisée en produits sur une base systématique et rationnelle sur la durée d'utilité de l'actif.
27 - L'autre méthode déduit la subvention de l'actif pour arriver à sa valeur comptable. La subvention est comptabilisée en produits sur la durée d'utilité de l'actif amortissable par l'intermédiaire d'une réduction de la charge d'amortissement.

Annexe 4 : Opérations complémentaires sur actifs

2.1 Appareil de forage	Reprise des informations de l'opération 1.3 Hypothèse envisagée fin N : - les performances de l'appareil sont inférieures à celles escomptées ; il sera probablement remplacé plus rapidement que prévu ; - juste valeur fin N : 250 000 € ; coûts de sortie de 5% de la valeur ; - valeur d'utilité fin N : 245 000 €.
2.2 Fonds commercial	Suite au rachat du fonds de commerce d'une société concurrente, un fonds commercial figure dans les comptes de SFE, pour une valeur nette de 260 000 € à la fin de l'exercice N. L'estimation de la valeur recouvrable fait ressortir un montant de 253 000 €. Hypothèse envisagée fin N+1 : valeur recouvrable de 258 000 €.
2.3 Nouveaux bureaux pour les services administratifs	Reprise des informations de l'opération 1.2 Hypothèse envisagée fin N+1 : juste valeur estimée à 250 000 €.

KVS

Patricia Gouttefarde & Fanny Ziegelmeyer

Connaissances associées

Contrats de location • IFRS 16

MISE EN SITUATION

La société KVS, établie dans le Grand Est, appartient à un grand groupe diversifié présent dans des secteurs d'activité comportant des marques de renommée internationale. L'activité principale de la société KVS est la production et la commercialisation de vins et spiritueux.

Tout comme l'ensemble des sociétés du groupe, la société KVS doit établir ses comptes en normes IFRS à compter de l'exercice à venir. Dans cette perspective, la société KVS a créé depuis peu un pôle « Normes et fiscalité » rattaché à la direction administrative et financière, pôle auquel a été affecté Hugo Brun en qualité de stagiaire préparant son DSCG. La mission qui lui a été confiée est l'étude de la mise en œuvre de la norme IFRS 16 « Contrats de location ». La société KVS a été choisie par la holding du groupe comme société pilote pour la mise en œuvre de cette norme en raison des particularités liées à son activité. En effet, en plus de l'utilisation de matériels en crédit-bail, KVS loue des vignes, des entrepôts de stockage, des cuves ainsi qu'un espace de vente dans un centre commercial et d'affaires.

À l'issue de sa mission, Hugo doit produire un document écrit et réaliser une présentation orale pour l'ensemble des responsables « Normes » des filiales et de la holding. Son premier travail a consisté à lister l'ensemble des contrats de location souscrits par KVS. Un extrait de cet inventaire figure en **Annexe 1** et des extraits de la norme IFRS 16 sont fournis en **Annexe 2**.

TRAVAIL À FAIRE

1. Pour l'introduction de la présentation d'Hugo : en se fondant sur les principes comptables, présenter les différences de traitement des actifs utilisés en location (et notamment les actifs utilisés en crédit-bail) entre les règles du PCG français et la norme IFRS 16.
2. En s'appuyant sur les extraits figurant en **Annexe 2**, mettre en évidence les différents critères à prendre en compte pour qu'un contrat entre dans le champ d'application de la norme IFRS 16. Analyser, au regard de ces critères, les contrats listés en **Annexe 1** et déterminer ceux qui, en l'espèce, n'entrent pas dans son champ d'application. La société KVS choisit de ne pas activer les biens en location pour lesquels une exemption est possible.
3. Pour les contrats entrant obligatoirement dans le champ d'application de la norme IFRS 16, procéder à l'évaluation initiale de l'actif et du passif locatif et procéder à leur enregistrement comptable.
4. Pour ces mêmes contrats, procéder aux enregistrements comptables nécessaires courant N et N+1 ainsi qu'au 31/12/N, après avoir procédé aux calculs préalables nécessaires.
5. Sans procéder à des enregistrements comptables, indiquer la manière dont les biens loués figurent dans les états financiers du bailleur.

Remarque *: Pour le traitement des questions 3 et 4, il sera fait abstraction de la TVA.*

Annexe 1 : Extrait de la liste des contrats de location souscrits par KVS au 31/12/N

Type et référence du contrat	Actif concerné	Caractéristiques du contrat
CM-CIC Leasing 200N.0025	Tracteur viticole	Date de prise d'effet du contrat : 01/01/N. Valeur à neuf du matériel : 36 000 €. 8 redevances annuelles de 4 818 € payables d'avance. Valeur du bien en fin de contrat et de l'option : 720 €. Durée d'utilisation du matériel identique à celle du contrat; utilisation linéaire sur la durée.
Contrat de fermage (1)	Vignoble Nonenberg 1 hectare 75 ares	Fermage annuel en espèces : 15 000 €. Durée du bail : 18 ans, renouvelable tous les 9 ans.
Contrat de location immobilière	Entrepôt de stockage partagé	Loyer annuel payable d'avance : 3 000 €. Durée du contrat : 1 an renouvelable. L'utilisation de l'entrepôt est partagée entre KVS et 4 autres viticulteurs. L'entrepôt est utilisé par les locataires en fonction de leurs besoins, en concertation avec les colocataires, en cas de capacité de stockage insuffisante dans leurs propres locaux.
Contrat de location commerciale	Cellule commerciale à la Cité internationale de la Gastronomie et du Vin	Surface de la cellule : 60 m^2. Loyer mensuel, payable en début de mois : 3 500 €. Bail commercial (régime 3, 6, 9) signé le 01/01/N. Compte tenu des agencements du local réalisés par KVS, la société ne pense pas résilier le bail avant le terme des 9 ans. Elle considère que la durée d'utilisation du local est également de 9 ans. Coût d'un emprunt pour une acquisition d'un local similaire : taux d'intérêt mensuel de 0,25%. À la signature du bail, la société KVS a supporté 460 € de frais d'acte.
Contrat de location de véhicule	Véhicule utilitaire benne	Location du 01/08/N au 30/09/N. Coût de la location pour deux mois : 900 €.

(1) *Contrat de fermage : le contrat de fermage est un bail rural qui se définit comme un contrat par lequel un propriétaire agricole met à disposition d'un exploitant agricole des terres ou des bâtiments agricoles en vue de les exploiter, en contrepartie du versement d'un « fermage » ou loyer payable en argent ou en nature. Le mode de calcul de ce loyer est encadré.*

Annexe 2 : Extraits de la norme IFRS 16

Publiée par l'IASB le 13/01/2016, homologuée par le Règlement 2017/1986 du 31/10/2017 (publiée au JOUE du 9 novembre 2017) et applicable à compter du 01/01/2019

OBJECTIF

1. La présente norme établit les principes applicables à la comptabilisation, l'évaluation et la présentation des contrats de location, ainsi que les informations à fournir à leur sujet. L'objectif de cette norme consiste à obtenir des preneurs et des bailleurs qu'ils fournissent des informations pertinentes donnant une image fidèle des opérations relatives à ces contrats. Cette information doit permettre aux utilisateurs des états financiers de disposer des éléments leur permettant d'apprécier l'incidence des contrats de location sur la situation financière, la performance financière et les flux de trésorerie de l'entité.

CHAMP D'APPLICATION

3. L'entité doit appliquer la présente norme à tous les contrats de location, y compris aux contrats de location d'actifs comptabilisés au titre du droit d'utilisation des actifs contenus dans un contrat de sous-location, à l'exception :

a) des contrats portant sur la prospection ou l'exploitation de minéraux, de pétrole, de gaz naturel ou d'autres ressources non renouvelables similaires ;
b) des contrats portant sur la location d'actifs biologiques qui entrent dans le champ d'application d'IAS 41 « Agriculture » et qui sont détenus par un preneur ;
c) des accords de concession de services qui entrent dans le champ d'application d'IFRIC 12 « Accords de concession de services » ;
d) des licences de propriété intellectuelle octroyées par un bailleur qui entrent dans le champ d'application d'IFRS 15 « Produits des activités ordinaires tirés de contrats conclus avec des clients » ;
e) des droits détenus par un preneur en vertu d'un accord de licence entrant dans le champ d'application d'IAS 38 « Immobilisations incorporelles » et portant sur des éléments tels que des films cinématographiques, des enregistrements vidéo, des pièces de théâtre, des manuscrits, des brevets et des droits d'auteur.

EXEMPTIONS RELATIVES À LA COMPTABILISATION

5. Le preneur peut choisir de ne pas appliquer les dispositions des paragraphes 22 à 49[3] :
a) à des contrats de location à court terme ;
b) à des contrats de location dont l'actif sous-jacent est de faible valeur (tel que décrit aux paragraphes B3 à B8).

B4 L'appréciation visant à déterminer si l'actif sous-jacent est de faible valeur doit être portée dans l'absolu. Tout contrat de location dont l'actif sous-jacent est de faible valeur peut donc être comptabilisé en application du paragraphe 6, qu'il soit significatif ou non pour le preneur. La taille, la nature et la situation du preneur n'ont aucune incidence sur cette appréciation. Par conséquent, des preneurs différents devraient parvenir à la même conclusion quant à la question de savoir si un actif sous-jacent donné est de faible valeur.

[...]

B8 Parmi les exemples d'actifs sous-jacents de faible valeur, on peut notamment trouver les tablettes et les ordinateurs personnels, le petit mobilier de bureau ainsi que les téléphones.

IDENTIFICATION D'UN CONTRAT DE LOCATION

9. À la date de conclusion d'un contrat, l'entité doit apprécier si celui-ci est ou contient un contrat de location. Un contrat est ou contient un contrat de location s'il confère le droit de contrôler l'utilisation d'un actif identifié pour une période déterminée moyennant le paiement d'une contrepartie. [...]

Actif identifié

B13 Habituellement un actif est identifié sur la base des mentions explicitement spécifiées au contrat. Toutefois, un actif peut aussi être implicitement identifié au moment où il est mis à la disposition du client.

Droit d'obtenir les avantages économiques découlant de l'utilisation

B21 Pour contrôler l'utilisation d'un actif identifié, le client doit détenir le droit d'obtenir la quasi-totalité des avantages économiques découlant de l'utilisation de l'actif tout au long de la durée d'utilisation (par exemple, en ayant l'usage exclusif de l'actif tout au long de sa durée d'utilisation).

DURÉE DU CONTRAT DE LOCATION

18. L'entité doit déterminer la durée du contrat de location comme étant la période pendant laquelle le contrat de location est non résiliable à laquelle :
a) toute option de renouvellement du contrat de location que le preneur a la certitude raisonnable d'exercer ;
b) toute option de résiliation du contrat de location que le preneur a la certitude raisonnable de ne pas exercer.

Comptabilisation chez le preneur

22. À la date de prise d'effet du contrat, le preneur doit comptabiliser un actif au titre du droit d'utilisation et un passif locatif.

Évaluation initiale de l'actif comptabilisé au titre du droit d'utilisation

23. À la date d'effet, le preneur doit évaluer l'actif comptabilisé au titre du droit d'utilisation au coût.
24. Le coût de l'actif comptabilisé au titre du droit d'utilisation doit comprendre :
a) le montant de l'évaluation initiale du passif locatif, évalué comme défini au paragraphe 26 ;
b) le cas échéant, le montant des loyers versés à la date de prise d'effet ou avant cette date, déduction faite des avantages incitatifs à la location reçus ;
c) le cas échéant, les coûts directs initiaux engagés par le preneur ;

[3] Paragraphes de la norme relatifs à l'évaluation et à la comptabilisation des contrats.

d) une estimation des coûts que le preneur devra engager lors du démantèlement et de l'enlèvement de l'actif sous-jacent, lors de la restauration du site sur lequel il est situé ou lors de la remise en état tel qu'exigé par les termes et conditions du contrat de location de l'actif sous-jacent, à l'exception des coûts engagés pour produire des stocks. Le preneur supporte les coûts liés à cette obligation soit à la date d'effet du contrat, soit du fait de l'utilisation de l'actif sous-jacent pendant une période donnée.

[...]

26. À la date de prise d'effet du contrat, le preneur doit évaluer le passif locatif à la valeur actualisée du montant des loyers payés non encore versés. La valeur actualisée des loyers payés doit être calculée en utilisant le taux d'intérêt implicite du contrat de location s'il est possible de déterminer facilement ce taux. À défaut, le preneur doit utiliser son taux d'emprunt marginal.

Évaluation ultérieure de l'actif comptabilisé au titre du droit d'utilisation

29. Après la date de prise d'effet du contrat, le preneur doit évaluer l'actif comptabilisé au titre du droit d'utilisation en appliquant le modèle du coût, sauf si le preneur applique l'un ou l'autre des modèles d'évaluation décrits aux paragraphes 34 et 35.

Modèle du coût

30. Pour appliquer le modèle du coût, le preneur doit évaluer l'actif comptabilisé au titre du droit d'utilisation au coût :

a) diminué du montant cumulé des amortissements et du montant cumulé des pertes de valeur ; et

b) ajusté pour tenir compte, le cas échéant, des réévaluations du passif locatif spécifiées au paragraphe 36, point c).

31. Le preneur doit, sous réserve des dispositions du paragraphe 32, appliquer les dispositions relatives à l'amortissement énoncées dans IAS 16 « Immobilisations corporelles » pour amortir l'actif comptabilisé au titre du droit d'utilisation.

32. Si la propriété juridique de l'actif sous-jacent est transférée avant la fin de la durée du contrat de location, ou bien si le coût de l'actif comptabilisé au titre du droit d'utilisation indique que le preneur exercera l'option d'achat, alors la durée d'amortissement de l'actif comptabilisée au titre du droit d'utilisation et retenue par le preneur correspond à la période allant de la date de prise d'effet du contrat jusqu'au terme de la durée d'utilité de l'actif sous-jacent. Dans les autres cas, pour amortir l'actif comptabilisé au titre du droit d'utilisation, le preneur devra retenir la durée correspondant à la période entre la date de prise d'effet du contrat et la date au plus tôt entre le terme de la durée d'utilité de cet actif, ou le terme de la durée du contrat de location s'il est antérieur.

33. Pour déterminer si l'actif comptabilisé au titre du droit d'utilisation s'est déprécié et pour comptabiliser toute perte de valeur identifiée, le preneur doit appliquer IAS 36 « Dépréciation d'actifs ».

SDM

Emmanuelle Pèpe & Fanny Ziegelmeyer

Connaissances associées

Provisions • IAS 37

MISE EN SITUATION

L'entreprise SDM est spécialisée dans la fabrication de compteurs d'eau, d'énergie thermique et de gaz. Elle fait partie d'un groupe international qui établit des comptes consolidés selon le référentiel IFRS. La société mère du groupe demande à chacune de ses filiales d'établir une version IFRS de leurs comptes individuels. Charlie, qui prépare le DSCG au sein du service comptable de SDM, a pour mission d'étudier la norme IAS 37 afin de faciliter le travail de présentation des comptes selon les normes IFRS.
Sa responsable lui a demandé de recueillir les définitions des termes présents dans la norme (**Annexe 1**) et de proposer des solutions aux différents cas listés en **Annexe 2**.

Pour l'ensemble du cas, un taux d'actualisation de 10% sera retenu.

TRAVAIL À FAIRE

Pour répondre aux questions suivantes, consulter la norme IAS 37.

1. Quels sont les critères conduisant à la comptabilisation d'une provision selon la norme IAS 37 ?
2. Présenter les principales différences de traitement concernant les provisions entre les référentiels PCG et IFRS.
3. Quelles sont les informations relatives aux provisions à fournir dans les notes ?
4. Au regard de l'opération 1, présenter le traitement comptable à appliquer concernant les exercices N et N+1 puis passer les écritures comptables nécessaires.
5. Présenter le traitement comptable à appliquer à l'opération 2 puis passer les écritures comptables nécessaires.
6. Concernant l'opération 3 :
   a) Une provision pour restructuration doit-elle être réalisée ?
   b) Si oui, pour quel montant ? Si non, une ou plusieurs provisions d'une autre nature doivent-elles être constatées ?
7. Analyser l'opération 4 et conclure sur la comptabilisation ou non d'une provision.

> ! ***Remarque** : La TVA sera négligée pour l'ensemble du cas.*

Annexe 1 : Définitions fournies par IAS 37

Termes	Définitions
Provision	Une provision est un passif dont l'échéance ou le montant est incertain.
Passif	Un passif est une obligation actuelle de l'entité résultant d'évènements passés et dont l'extinction devrait se traduire pour l'entité par une sortie de ressources représentatives d'avantages économiques.
Fait générateur d'obligation	Un fait générateur d'obligation est un évènement qui crée une obligation juridique ou implicite qui ne laisse pas à l'entité d'autre solution réaliste que d'éteindre cette obligation.
Obligation juridique	Une obligation juridique est une obligation qui découle : - d'un contrat (sur la base de ses clauses explicites et implicites) ; - de dispositions légales ou réglementaires ; - de toute autre jurisprudence.
Obligation implicite	Une obligation implicite est une obligation qui découle des actions d'une entité lorsque : - elle a indiqué aux tiers, par ses pratiques passées, par sa politique affichée ou par une déclaration récente suffisamment explicite, qu'elle assumera certaines responsabilités ; et que - en conséquence, l'entité a créé chez ce tiers une attente fondée qu'elle assumera ces responsabilités.
Passif éventuel	Un passif éventuel est : - une obligation potentielle résultant d'évènements passés et dont l'existence ne sera confirmée que par la survenance (ou non) d'un ou plusieurs évènements futurs incertains qui ne sont pas totalement sous le contrôle de l'entité ; ou - une obligation résultant d'évènements passés mais qui n'est pas comptabilisée car : • il n'est pas probable qu'une sortie de ressources représentatives d'avantages économiques soit nécessaire pour éteindre l'obligation ; ou • le montant de l'obligation ne peut être évalué avec une fiabilité suffisante.
Actif éventuel	Un actif éventuel est un actif potentiel résultant d'évènements passés et dont l'existence ne sera confirmée que par la survenance (ou non) d'un ou plusieurs évènements futurs incertains qui ne sont pas totalement sous le contrôle de l'entité.
Contrat déficitaire	Un contrat déficitaire est un contrat pour lequel les coûts inévitables pour satisfaire aux obligations contractuelles sont supérieurs aux avantages économiques attendus du contrat.
Restructuration	Une restructuration est un programme planifié et contrôlé par la direction, qui modifie de façon significative : - soit le champ d'activité d'une entité ; - soit la manière dont cette activité est gérée.

Annexe 2 : Opérations susceptibles d'être concernées par IAS 37

Opération n°1	La société SDM est en litige avec l'un de ses clients, distributeur d'eau. Celui-ci a engagé des poursuites au cours de l'exercice N contre SDM au motif qu'un lot de compteurs aurait été mal étalonné, à son désavantage. Le procès rique de durer jusqu'en N+3. Son client a demandé 300 000€ de dommages et intérêts au titre de la perte de chiffre d'affaires qu'il estime avoir subie. Selon le service juridique de SDM, 200 000€ suffiront pour sortir du conflit.
Opération n°2	La société SDM accorde à ses clients une garantie sur les compteurs qu'elle leur vend, qui leur assure, pendant 6 mois, le remplacement des compteurs présentant des défauts majeurs de fabrication, ou leur réparation en cas de défauts mineurs. L'étude statistique issue de l'expérience du service qualité indique que 85% des compteurs vendus n'auront aucun défaut, 10% présenteront des défauts mineurs et 5% présenteront des défauts majeurs. Les ventes, pour l'année N, représentent 2 millions de compteurs. Elles sont uniformément réparties sur l'année, l'activité ne présentant aucune saisonnalité. Chaque compteur est vendu 12€ et SDM réalise un marge de 20% sur son coût de production. La réparation d'un compteur coûte à SDM en moyenne 6€.
Opération n°3	L'équipe dirigeante du groupe dont fait partie SDM a décidé de réorganiser l'activité de chaque filiale. Les compteurs à turbine, en partie produits par SDM, seront tous produits par une filiale polonaise du groupe. SDM conservera la production des compteurs volumétriques. L'atelier de production turbine de SDM sera définitivement arrêté en avril N+1. Le dirigeant de SDM a présenté le plan de restructuration aux salariés en décembre N en précisant les différentes échéances qui seront respectées. Le plan prévoit les dépenses suivantes : - reconversion d'une partie des salariés de l'atelier turbine pour renforcer l'équipe de l'atelier volumétrique - coût de formation : 50 000€ ; - indemnité de licenciement : 100 000€ ; - agrandissement et agencement de l'atelier volumétrique : 35 000€ ; - cession de matériel industriel : prix de vente 75 000 €.
Opération n°4	SDM a signé, en N, un contrat de vente de 100 000 compteurs avec un nouveau client pour 1 500 000€. Les compteurs, qui seront livrés à partir de N+1, devront être réalisés grâce à une matière plastique spécifique, chargée en graphite, afin de remplir le cahier des charges imposé par le client. Courant N, le prix de la matière plastique concernée a subi une augmentation non négligeable et il n'existe pas d'autre fournisseur proposant cette matière. Le coût de fabrication de ces 100 000 compteurs, initialement estimé à 1 200 000€, devrait atteindre 1 700 000€.

SOLUPIERRE

Emmanuelle Pèpe & Fanny Ziegelmeyer

Connaissances associées

Avantages du personnel • Paiement fondé sur des actions • IAS 19 et IFRS 2

MISE EN SITUATION

La société SOLUPIERRE, à la tête d'un groupe intervenant dans l'immobilier professionnel, est depuis peu cotée sur le compartiment B d'Euronext. Son développement l'a conduite à prendre des participations dans d'autres sociétés européennes. Suite à ces évolutions et afin de faciliter le reporting financier mensuel et le pilotage du groupe, il a été décidé que toutes les filiales tiendraient leur comptabilité en normes IAS/IFRS, un passage vers les normes nationales étant opéré en fin d'exercice, pour l'établissement des comptes individuels.

La mise en œuvre de ce passage aux normes internationales a soulevé un certain nombre de problèmes relatifs à la politique salariale et sociale de l'entreprise (**Annexe 1**). Pour y répondre, Gaëtan, alternant DSCG au sein du groupe, a effectué des recherches dans les normes IAS/IFRS applicables (**Annexes 2 et 3**) et va maintenant confronter ses recherches aux situations rencontrées par l'entreprise.

TRAVAIL À FAIRE

Pour répondre aux questions suivantes, consulter les normes IAS 19 et IFRS 2.

1. Pour les opérations 1 à 3, qualifier la nature de l'opération et présenter les écritures nécessaires pour l'exercice N.
2. Pour l'opération 4 :
   a) qualifier le régime de retraite complémentaire des directeurs ;
   b) identifier et qualifier les écarts actuariels de l'exercice N ;
   c) distinguer les éléments à enregistrer en charges de ceux à enregistrer en autres éléments du résultat global ;
   d) présenter les écritures nécessaires en N.
3. Pour l'opération 5 :
   a) présenter les écritures nécessaires en N puis en N+3, en supposant que les 15 directeurs exercent toutes leurs options ;
   b) indiquer les éventuelles différences dans le traitement comptable si, à la place de racheter les actions propres, la société avait procédé à une augmentation de capital ;
   c) mettre en évidence les différences par rapport au traitement prévu par le PCG.

Annexe 1 : Opérations relatives aux avantages du personnel effectuées par SOLUPIERRE

<table>
<tr><td>1. Congés à payer en N</td><td>Nombre moyen de jours de congés payés acquis pour l'exercice N et non pris à la clôture par salarié : 4 jours.
Les congés payés non utilisés sont reportables uniquement sur l'année civile suivante. Les congés pris au cours d'une période sont imputables en premier lieu sur les droits acquis au titre de la période considérée puis sur le solde éventuel reporté de la période précédente.
Selon son expérience, l'entité s'attend à ce que seuls 80% des salariés utilisent les jours de congés reportables.
Nombre moyen de jours de RTT acquis pour l'exercice N et non pris à la clôture par salarié : 1,5 jour.
La convention collective ne prévoit ni paiement ni report des jours de RTT non pris par les salariés.
Nombre de salariés : 750.
Le salaire journalier brut moyen est évalué à 110€ par salarié. Le taux de charges sociales est de 40% et celui de charges fiscales de 2%.
Nombre de salariés cadres, bénéficiant de RTT : 105.
Les salariés bénéficiant de RTT ont un salaire journalier brut moyen de 130€.</td></tr>
<tr><td>2. Participation et primes</td><td>La participation à attribuer au titre de l'exercice N s'élève à 300 000€. Elle est soumise au forfait social au taux de 20%. L'accord signé avec les représentants des salariés prévoit le versement sur un fonds de participation interne, les fonds restant bloqués pendant cinq ans. La participation bloquée est rémunérée au taux de 4%. La société anticipe que, tous les ans, 3% des fonds seront débloqués. On considéra que les sommes débloquées le sont en fin d'exercice.
Par ailleurs, la société attribue des primes sur objectifs atteints à ses salariés. Ces primes sont versées cinq mois après la clôture, sous condition que les salariés soient toujours présents dans l'entreprise au moment de leur versement. Leur montant total pour l'exercice N a été estimé à 520 000€ (soumis aux cotisations sociales au taux de 40% et aux charges fiscales au taux de 2%). Compte tenu du taux de turnover du personnel, seules 98% de ces primes devraient être effectivement versées. Le calcul et le paiement de ces primes n'ont jamais été formalisés dans un accord avec les représentants des salariés, mais résultent des pratiques habituelles de l'entreprise depuis maintenant plusieurs années.</td></tr>
<tr><td>3. Rupture conventionnelle</td><td>Fin décembre, la société a signé une rupture conventionnelle avec un salarié. Afin de ne pas désorganiser l'entreprise, il a été convenu que le salarié quitterait l'entreprise après un délai de trois mois. Lors de son départ, une indemnité de 3 000€ lui sera versée. Celle-ci a été négociée entre le salarié et l'entreprise et a été majorée de 1 000€ par rapport à l'indemnité initialement prévue, pour compenser le délai fixé dans la convention de rupture. Pendant ces trois mois, son salaire lui sera versé normalement, pour un coût total de 9 000€.
La convention de rupture n'a pas encore été homologuée.</td></tr>
<tr><td>4. Régime de retraite</td><td>La société a mis en place un régime de retraite complémentaire pour les salariés ayant le statut de cadre dirigeant ou cadre supérieur, afin de les fidéliser.
Ce régime prévoit le versement d'une rente par l'entreprise, à condition que le salarié soit encore présent dans l'entreprise lors de son départ à la retraite. La rente est fonction de l'ancienneté et du montant des derniers salaires.
Le tableau suivant a été établi pour la variation nette des provisions (en K€) :
<table>
<tr><th></th><th>Droits accumulés</th><th>Actifs de couverture</th><th>Engagements provisionnés</th></tr>
<tr><td>01/01/N</td><td>1 450</td><td>(500)</td><td>950</td></tr>
<tr><td>Coût des services rendus</td><td>40</td><td></td><td>40</td></tr>
<tr><td>Coût des services passés</td><td>20</td><td></td><td>20</td></tr>
<tr><td>Coût financier (désactualisation)</td><td>29</td><td></td><td>29</td></tr>
<tr><td>Rendement estimé (1)</td><td></td><td>(15)</td><td>(15)</td></tr>
<tr><td>Prestations versées aux bénéficiaires</td><td>(50)</td><td>24</td><td>(26)</td></tr>
<tr><td>Changement du taux de turnover</td><td>2</td><td></td><td>2</td></tr>
<tr><td>Effets d'expérience</td><td>(10)</td><td></td><td>(10)</td></tr>
<tr><td>31/12/N</td><td>1481</td><td>(491)</td><td>990</td></tr>
</table>
(1) Dont produits d'intérêts générés par les actifs du régime : 10</td></tr>
</table>

5. Stock-options	Le 30 juin N, il a été décidé l'attribution de stock-options à 15 cadres ayant le statut de directeur. Les conditions du plan sont les suivantes : - 50 options par directeur (parité : 1 option pour 1 action au prix de 170) ; - juste-valeur d'une option : 30 € ; - condition pour en bénéficier : rester trois ans dans l'entreprise ; - la société anticipe qu'à l'issue des trois ans, tous les directeurs concernés seront encore présents. Pour faire face à cette obligation future, la société a d'ores et déjà racheté les actions nécessaires sur le marché, au cours de 210 €. La valeur nominale d'une action est de 100€.

Le taux d'actualisation retenu par la société est de 2%.

Annexe 2 : Synthèse des définitions et traitements IAS 19

	Définition	Traitement IAS/IFRS
Avantages du personnel	Contreparties de toute forme accordées par une entité pour les services rendus par les membres de son personnel ou pour la cessation de leur emploi.	Comptabilisation lors de l'exercice au cours duquel les services ont été rendus.
Avantages à court terme	Avantages du personnel (autres que les indemnités de cessation d'emploi) dont le règlement intégral est attendu dans les douze mois qui suivent la clôture de l'exercice au cours duquel les membres du personnel ont rendu les services correspondants.	Lorsqu'un membre du personnel a rendu des services à l'entité au cours d'une période comptable, l'entité doit comptabiliser le montant non actualisé des avantages à court terme qu'elle s'attend à lui payer en contrepartie des services : (a) au passif (charge à payer), après déduction du montant déjà payé, le cas échéant. Si le montant déjà payé excède la valeur non actualisée des prestations, l'entité doit comptabiliser l'excédent à l'actif (charge payée d'avance) (...) ; (b) en charges, à moins qu'une autre IFRS n'impose ou n'autorise l'incorporation des prestations dans le coût d'un actif (...).
Avantages postérieurs à l'emploi	Avantages du personnel (autres que les indemnités de cessation d'emploi et les avantages à court terme) qui sont payables après la fin de l'emploi.	Le traitement comptable dépend du régime de retraite mis en place (cf. infra).
Autres avantages à long terme	Tous les avantages du personnel autres que les avantages à court terme, les avantages postérieurs à l'emploi et les indemnités de cessation d'emploi. Leur règlement intégral ne doit pas être attendu dans les douze mois qui suivent la clôture de l'exercice au cours duquel les membres du personnel ont rendu les services correspondants.	Sauf si une autre IFRS impose ou autorise leur incorporation dans le coût d'un actif, l'entité doit, pour les autres avantages à long terme, comptabiliser le total net des montants suivants en résultat net : (a) le coût des services ; (b) les intérêts nets sur le passif (l'actif) net au titre des prestations définies ; (c) les réévaluations du passif (de l'actif) net au titre des prestations définies. Cela revient à appliquer les dispositions prévues pour les régimes de retraite à prestations définies (cf. infra). De plus, il convient d'actualiser le montant de l'obligation.
Indemnités de cessation d'emploi	Avantages du personnel fournis en contrepartie de la cessation d'emploi d'un membre du personnel résultant : - soit de la décision de l'entité de mettre fin à l'emploi du membre du personnel avant l'âge de départ en retraite ; - soit de la décision du membre du personnel d'accepter une offre d'indemnités en échange de la cessation de son emploi.	Ce ne sont pas les services rendus par le membre du personnel qui constituent l'évènement qui génère l'obligation, mais la cessation d'emploi. L'entité doit comptabiliser un passif et une charge au titre des indemnités de cessation d'emploi à la première des dates suivantes : (a) la date à laquelle elle ne peut plus retirer son offre d'indemnités ; (b) la date à laquelle elle comptabilise les coûts d'une restructuration entrant dans le champ d'application d'IAS 37[1] et prévoyant le paiement de telles indemnités. Les prestations supplémentaires que recevront les membres du personnel qui rendront des services avant de quitter l'entité sont à traiter comme des avantages à court terme.
Régime à cotisations définies	Régimes d'avantages postérieurs à l'emploi selon lequel une entité verse des cotisations définies à une entité distincte (le fonds) et n'aura aucune obligation juridique ou implicite de payer des cotisations suplémentaires si le fonds n'a pas suffisamment d'actifs pour servir toutes les prestations correspondant aux services rendus par le personnel pendant la période considérée et les périodes antérieures.	L'obligation de l'entité est déterminée par les cotisations à payer pour la période. On applique le même traitement que pour les avantages à court terme : comptabilisation d'un passif et d'une charge.

[1] Cf. cas SDM.

Régime à prestations définies	Régime d'avantages postérieurs à l'emploi autre qu'un régime à cotisations définies, dans le cadre duquel l'entité : - a l'obligation de servir les prestations convenues aux membres de son personnel en activité et à ses anciens membres ; - supporte le risque actuariel (risque que les prestations coûtent plus cher que prévu) et le risque de placement.	L'entité doit comptabiliser dans l'état de la situation financière le passif (l'actif) net au titre des prestations définies. Comptabilisation d'une provision à sa valeur actuelle. Compte de résultat : charge nette = coût des services rendus +/- profit (ou perte) résultant d'une liquidation du régime +/- intérêts nets sur le passif (l'actif) net. Comptabilisation en autres éléments du résultat global des réévaluations du passif net.
Valeur actualisée de l'obligation au titre des prestations définies	Valeur actualisée, sans déduction des actifs du régime, des paiements futurs qui devraient être nécessaires pour régler l'obligation résultant des services rendus par les membres du personnel pendant la période considérée et les périodes antérieures.	Utilisation d'une méthode d'évaluation actuarielle (méthode des unités de crédit projetées[2]) permettant une évaluation des avantages revenant aux salariés au titre de la période en cours et des périodes précédentes.
Coût des services passés	Variation de la valeur actualisée de l'obligation au titre des prestations définies pour les services rendus par les membres du personnel au cours de périodes antérieures qui résulte de la modification d'un régime (instauration ou cessation d'un régime à prestations définies ou encore apport de changements au régime) ou de la réduction d'un régime (par exemple, une diminution importante, décidée par l'entité, du nombre de membres du personnel couverts par le régime).	Pris en compte pour la mise à jour de la provision et comptabilisation en charges.
Réévaluation du passif net	Les réévaluations du passif (de l'actif) net au titre des prestations définies comprennent : (a) les écarts actuariels ; (b) le rendement des actifs du régime, à l'exclusion des montants pris en compte dans le calcul des intérêts nets sur le passif (l'actif) net au titre des prestations définies ; (c) la variation, le cas échéant, de l'effet du plafond de l'actif, à l'exclusion des montants pris en compte dans le calcul des intérêts nets sur le passif (l'actif) net au titre des prestations définies.	Prise en compte pour la mise à jour de la provision et comptabilisation en autres éléments du résultat global.
Actifs du régime	Ils comprennent : - les actifs détenus par un fonds d'avantages à long terme, qui sont ceux détenus par une entité juridiquement distincte de celle présentant l'information financière et qui ont pour seul but le paiement ou la capitalisation d'avantages du personnel ; - les contrats d'assurance éligibles, dont les produits ne peuvent servir qu'à payer ou à capitaliser les avantages du personnel.	L'estimation des rendements de ces actifs est prise en compte pour l'ajustement de la provision, en contrepartie : - d'une diminution de la charge nette pour la partie correspondant aux intérêts nets sur les actifs ; - des autres éléments du résultat global pour l'excédent.
Écarts actuariels	Variations de la valeur actualisée de l'obligation au titre des prestations définies qui résultent : (a) des ajustements liés à l'expérience (l'effet des écarts entre les hypothèses actuarielles antérieures et ce qui s'est effectivement produit) ; (b) de l'effet des changements apportés aux hypothèses actuarielles.	Pris en compte pour la mise à jour de la provision et comptabilisation en autres éléments du résultat global. La méthode du corridor n'est pas autorisée[3].

[2] La méthode des unités de crédit projetées ne sera pas développée dans le cadre de cet ouvrage.

[3] L'application de la méthode du corridor conduit à ne pas reconnaître immédiatement l'intégralité des écarts actuariels dans les comptes. En compensation, l'entité doit fournir des informations complémentaires en annexe. Cette méthode est toujours autorisée par les normes françaises.

Annexe 3 : Extraits d'IFRS 2 - Paiement fondé sur des actions

7. Une entité doit comptabiliser les biens ou services reçus ou acquis dans le cadre d'une transaction dont le paiement est fondé sur des actions, au moment où elle obtient les biens ou au fur et à mesure qu'elle reçoit les services. L'entité doit comptabiliser en contrepartie soit une augmentation de ses capitaux propres si les biens ou services ont été reçus dans le cadre d'une transaction dont le paiement est fondé sur des actions et qui est réglée en instruments de capitaux propres, soit un passif si les biens ou services ont été acquis dans le cadre d'une transaction dont le paiement est fondé sur des actions et qui est réglée en trésorerie.

8. Lorsque les biens ou services reçus ou acquis dans le cadre d'une transaction dont le paiement est fondé sur des actions ne remplissent pas les conditions de comptabilisation en tant qu'actifs, ils doivent être comptabilisés en charges.

[...]

10. Pour des transactions dont le paiement est fondé sur des actions et qui sont réglées en instruments de capitaux propres, l'entité doit évaluer les biens ou les services reçus et l'augmentation de capitaux propres qui en est la contrepartie, directement, à la juste valeur des biens ou services reçus, sauf si cette juste valeur ne peut être estimée de façon fiable. Si l'entité ne peut estimer de façon fiable la juste valeur des biens ou des services reçus, elle doit en évaluer la valeur et l'augmentation des capitaux propres qui en est la contrepartie, indirectement, par référence à la juste valeur des instruments de capitaux propres attribués.

[...]

15. Si les instruments de capitaux propres attribués ne sont pas acquis avant que l'autre partie n'ait achevé une période de service spécifiée, l'entité doit présumer que les services à rendre par l'autre partie en rémunération de ces instruments de capitaux propres seront reçus à l'avenir, pendant la période d'acquisition des droits. L'entité doit comptabiliser ces services, et l'augmentation des capitaux propres qui en est la contrepartie, au fur et à mesure qu'ils sont rendus par l'autre partie pendant la période d'acquisition des droits. Par exemple :

(a) si un membre du personnel se voit attribuer des options sur actions sous condition de l'achèvement de trois années de service, l'entité doit présumer que les services à rendre par le membre du personnel en contrepartie de ces options sur actions seront reçus dans l'avenir, pendant cette période d'acquisition des droits de trois ans ;

[...]

EJM

Emmanuelle Pèpe & Fanny Ziegelmeyer

Connaissances associées

Instruments financiers • IAS 32 et IFRS 9

MISE EN SITUATION

La société EJM, spécialisée dans la fabrication de moules d'injection plastique de haute précision, vient d'être rachetée par un groupe allemand d'envergure internationale. Le groupe présente ses comptes consolidés selon le référentiel IFRS et, à ce titre, demande à la société EJM de prendre connaissance de la norme IFRS 9 et de préparer son impact sur les actifs et passifs financiers d'EJM.

Nadia Ferris, préparant le DSCG, est chargée de réaliser un travail de synthèse de la norme et de présenter à ses responsables les traitements comptables IFRS s'appliquant aux actifs et passifs de l'entreprise concernés.

L'**Annexe 1** recense les opérations réalisées par EJM en N qui sont susceptibles d'être concernées par la norme.

L'**Annexe 2** présente quelques définitions identifiées par Nadia dans le cadre de ses recherches.

L'**Annexe 3** présente une synthèse des modes d'évaluation de certains actifs et passifs que Nadia avait constituée lors de ses révisions de DCG.

TRAVAIL À FAIRE

Pour répondre aux questions suivantes, consulter les normes IAS 32 et IFRS 9.

1. Définir les notions d'actif financier, passif financier et instrument de capitaux propres et exposer les principales différences de classement entre les normes IFRS et le PCG concernant les actifs et les passifs listés dans l'**Annexe 3**.
2. Présenter les différentes catégories d'instruments financiers prévues par les normes IFRS et préciser quels critères sont retenus pour cette classification.
3. À quel moment une entité doit-elle comptabiliser, transférer ou décomptabiliser un actif financier ou un passif financier ?
4. Synthétiser les dispositions en matière de dépréciation des actifs financiers prévues par IFRS 9.
5. Traitement de l'emprunt :
   a) déterminer la nature de l'opération et la catégorie dont elle relève ;
   b) calculer le taux d'intérêt effectif ;
   c) procéder à la comptabilisation initiale ;
   d) procéder aux enregistrements comptables ultérieurs (N et N+1).
6. Traitement de la créance client :
   a) déterminer la nature de l'opération et la catégorie dont elle relève ;
   b) procéder à la comptabilisation de la créance et à son ajustement fin N.
7. Traitement des actions :
   a) déterminer la nature de l'opération et la catégorie dont elle relève ;
   b) procéder aux écritures d'inventaire nécessaires ;
   c) indiquer s'il existe un autre classement IFRS pour ces actions ;
   d) justifier les différences de traitement comptable IFRS si les actions avaient permis à EJM de prendre le contrôle de la société APM.
8. Traitement des obligations, pour chaque hypothèse :
   a) déterminer la nature de l'opération et la catégorie dont elle relève ;
   b) procéder aux enregistrements comptables (N à N+2).

***Remarque** : pour l'ensemble du cas, la TVA sera négligée.*

Annexe 1 : Opérations réalisées par EJM au cours de l'exercice N

Emprunt auprès d'un établissement de crédit	• Date : 01/01/N. • Montant emprunté : 5 000 000 €. • Taux annuel : 3%. • Modalités de remboursement : amortissement constant au 31/12 de chaque année. • Durée : 2 ans. • Frais : 52 150 €.
Créance client	• Date : 01/01/N. • Montant : 300 000 €. • Échéance : 30/06/N+1. • Taux d'intérêt effectif : 4%.
Actions de la société APM	• Date d'acquisition : 01/09/N. • Nombre d'actions acquises : 1 000. • Prix d'acquisition : 57 €. • Juste valeur à la clôture : 50 €. • L'entreprise EJM les a classées dans les VMP pour ses comptes individuels tenus selon le PCG.
Acquisition d'obligations	• Date d'acquisition : 01/01/N. • Date d'émission : 01/01/N-2. • Nombre : 20 000. • Valeur nominale : 100 €. • Taux d'intérêt nominal : 8%. • Remboursables in fine. • Prix d'acquisition : 110 €. • Prix de remboursement : 112 €. • Frais de transaction : 10 000 €. • Échéance : 31/12/N+1. • Valeur d'une obligation au 31/12/N : 111 €. • H1 : L'entreprise EJM a l'intention de les conserver jusqu'à l'échéance. • H2 : Il s'agit de simples placements de trésorerie, l'entreprise EJM souhaite les revendre rapidement en réalisant une plus-value (cession le 01/03/N+1 pour 111,50 €). • H3 : L'entreprise EJM a l'intention de réaliser un investissement au cours de l'exercice N+1. Elle a fait l'acquisition de ces obligations pour placer ses excédents de trésorerie en vue de réaliser cet investissement (cession le 01/03/N+1 pour 111,50 €).

Annexe 2 : Lexique des définitions selon les normes IFRS

Notion	Définition	Source
Instrument financier	Un instrument financier est tout contrat qui donne lieu à un actif financier d'une entité et à un passif financier ou à un instrument de capitaux propres d'une autre entité.	IAS 32
Coût amorti d'un actif financier ou d'un passif financier	Valeur attribuée à un actif financier ou à un passif financier lors de sa comptabilisation initiale, diminuée des remboursements en principal, majorée ou diminuée de l'amortissement cumulé, calculé par la **méthode du taux d'intérêt effectif**, de toute différence entre cette valeur initiale et la valeur à l'échéance et, dans le cas d'un actif financier, ajustée au titre de la correction de valeur pour pertes, le cas échéant.	IFRS 9
Taux d'intérêt effectif	Taux qui actualise les sorties ou entrées de trésorerie futures estimées sur la durée de vie attendue d'un actif financier ou d'un passif financier de manière à obtenir exactement la **valeur comptable brute de l'actif financier** ou le **coût amorti du passif financier**. Pour calculer le taux d'intérêt effectif, l'entité doit estimer les flux de trésorerie attendus en prenant en considération toutes les modalités contractuelles de l'instrument financier (par exemple, options de paiement anticipé, de prolongation, de rachat, etc.), mais elle ne doit pas tenir compte des **pertes de crédit attendues**. Ce calcul inclut l'intégralité des commissions et des frais proportionnels payés ou reçus par les parties au contrat, qui font partie intégrante du taux d'intérêt effectif, des **coûts de transaction** et de toutes les autres surcotes ou décotes. Les flux de trésorerie et la durée de vie attendue d'un groupe d'instruments financiers similaires sont présumés pouvoir être déterminés de façon fiable. Toutefois, dans les rares cas où il n'est pas possible d'estimer de façon fiable les flux de trésorerie ou la durée de vie attendue d'un instrument financier (ou d'un groupe d'instruments financiers), l'entité doit utiliser les flux de trésorerie contractuels relatifs à l'intégralité de la durée contractuelle de l'instrument financier (ou du groupe d'instruments financiers).	IFRS 9
Juste valeur	La juste valeur est le montant pour lequel un actif pourrait être échangé, ou un passif éteint, entre parties bien informées, consentantes, et agissant dans des conditions de concurrence normale.	IAS 32
	Prix qui serait reçu pour la vente d'un actif ou payé pour le transfert d'un passif lors d'une transaction normale entre des participants de marché à la date d'évaluation.	IFRS 13

Annexe 3 : Rappels concernant les normes françaises (PCG)

Actifs et passifs		Évaluation initiale	Évaluation ultérieure
Titres	**Titres de participation**	Au **coût d'acquisition**. Les droits de mutation, honoraires, commissions et frais d'actes peuvent, sur option, être incorporés au coût d'acquisition ou enregistrés en charges.	Valeur d'utilité.
	TIAP		Valeur qui tient compte des perspectives d'évolution de l'entité dont les titres sont détenus.
	Autres titres immobilisés		• Titres cotés : cours moyen du dernier mois. • Titres non cotés : valeur probable de négociation. • Possibilité de ne pas enregistrer de dépréciation sous certaines conditions en cas de baisse anormale et momentanée des cours.
	VMP		
Créances et prêts		**Valeur nominale**	
Emprunts		• **Valeur de remboursement** • Les primes de remboursement sont portées à l'actif et sont amorties. • Les frais d'émission peuvent être portés à l'actif et répartis sur la durée de l'emprunt ou enregistrés en charges.	

Éditions Corroy • 4 rue de Villars, 42000 Saint-Étienne • 04 77 79 92 46 • infos@editions-corroy.fr

MDP

Emmanuelle Pèpe & Fanny Ziegelmeyer

Connaissances associées

Reconnaissance des revenus • IFRS 15

MISE EN SITUATION

La société MDP, dont l'activité est l'ingénierie informatique, connaît une forte croissance interne. Afin de financer cette croissance, elle souhaite bénéficier du soutien de financeurs étrangers. Dans ce cadre, MDP désire établir ses comptes selon les normes internationales.

Anna Richard, en formation DSCG par alternance, est chargée d'étudier la norme IFRS 15 et de participer à son application dans l'entreprise.

Anna a déjà consigné certaines définitions proposées par la norme en **Annexe 1** et extrait un passage de la norme qu'elle souhaite approfondir, en **Annexe 3.**

Son chef lui a également listé certaines opérations pour lesquelles elle est chargée de proposer une solution comptable, en **Annexe 2.**

TRAVAIL À FAIRE

Pour répondre aux questions suivantes, consulter la norme IFRS 15.

1. Présenter les différentes étapes de l'analyse préalable à la comptabilisation d'un produit des activités ordinaires issues des contrats avec des clients.
2. L'opération 1 doit-elle être considérée comme un bien et un service distinct ou non distinct ? En quoi cette qualification est-elle importante ?
3. Quel sera le montant des revenus relatifs à l'opération 2 à comptabiliser chaque année ?
4. Pour l'opération 3 :
   a) calculer les pourcentages d'avancement N et N+1 en se basant sur le montant des coûts supportés ;
   b) déterminer le montant de produits et de résultat à rattacher à chaque exercice ;
   c) passer toutes les écritures relatives à ce contrat (hormis les coûts supportés) ;
   d) identifier les différences entre les traitements IFRS et PCG pour ce contrat.
5. Les coûts décrits dans l'opération 4 sont-ils qualifiés de coûts marginaux ou de coûts d'exécution ? Quelle est la conséquence de cette qualification ?

Remarque : *La TVA sera négligée pour l'ensemble du cas.*

Annexe 1 : Définitions données par l'annexe A de la norme IFRS 15

Contrat	Accord entre deux parties ou plus, qui crée des droits et des obligations exécutoires.
Actif sur contrat	Droit de l'entité d'obtenir une contrepartie en échange de biens ou de services qu'elle a fournis à un **client**, lorsque ce droit dépend d'autre chose que de l'écoulement du temps (par exemple d'une prestation future de l'entité).
Passif sur contrat	Obligation de l'entité de fournir à un **client** des biens ou des services pour lesquels l'entité a reçu une contrepartie du client (ou pour lesquels un montant de contrepartie est exigible).
Client	Partie ayant conclu un contrat avec une entité en vue d'obtenir des biens ou des services qui sont issus des activités ordinaires de l'entité en échange d'une contrepartie.
Produits	Accroissements d'avantages économiques au cours de la période comptable, sous forme d'entrées ou d'accroissements d'actifs, ou de diminutions de passifs, qui donnent lieu à des augmentations des capitaux propres autres que les augmentations provenant des apports des participants aux capitaux propres.
Obligation de prestation	Promesse contenue dans un **contrat** conclu avec un **client** qui prévoit la fourniture à celui-ci : a) d'un bien ou d'un service (ou d'un groupe de biens ou services) distinct ; ou b) d'une série de biens ou services distincts qui sont essentiellement les mêmes et qui sont fournis au client au même rythme.
Produits des activités ordinaires	**Produits** générés dans le cours des activités ordinaires de l'entité.
Prix de vente séparé [d'un bien ou d'un service]	Prix auquel une entité vendrait séparément à un **client** un bien ou un service promis.
Prix de transaction [pour un contrat conclu avec un client]	Montant de la contrepartie à laquelle l'entité s'attend à avoir droit en échange de la fourniture de biens ou de services promis à un **client**, à l'exclusion des sommes perçues pour le compte de tiers.

Annexe 2 : Opérations susceptibles d'être concernées par IFRS 15

Opération 1	Vente de matériel informatique à la société Sillival pour un montant de 20 000 €. MDP a facturé des frais d'installation de ce matériel pour 5 000 €.
Opération 2	MDP a signé début N-3 un contrat de 4 ans pour la maintenance du parc informatique de l'entreprise CJS pour un montant de 62 500 € par an. Début N, de nouvelles conditions sont négociées avec le client et le contrat est modifié. Pour la 4e année, la redevance est réduite à 55 000 € et CJS s'engage à renouveler le contrat pour 4 années supplémentaires pour un prix total de 200 000 € (payable en quatre redevances de 50 000 €).
Opération 3	MDP a signé un contrat pour la conception et la fabrication de robots destinés à la chaîne de production de la société Astral. Le contrat prévoit de suivre 3 étapes. 1. Décembre N : livraison des robots « V1 ». Ce sont des bras motorisés qui sont provisoirement fixés à la chaîne de montage du client et permettent la production. 2. Décembre N+1 : livraison des modules complémentaires « C2 ». Ces modules permettent la mobilité des robots. 3. Juillet N+2 : livraison de l'intelligence artificielle qui permet aux robots une complète autonomie. Les conditions du contrat sont les suivantes. • Date de signature du contrat : juillet N. • Date d'achèvement du projet prévue : juillet N+2. • Prix négocié avec le client : 1 000 000 €. • Charges prévisionnelles du projet : 600 000 €. • Conditions de règlement : - 10% à la signature du contrat ; - 20% à la livraison des robots V1 ; - 40% à la livraison des modules C2 : - 30% à l'achèvement du projet. Fin N, les charges engagées ont été de 150 000 €. Fin N+1, les coûts cumulés engagés s'élèvent à 880 000 €. Le coût de revient prévisionnel est passé à 1 100 000 €.
Opération 4	MDP s'est engagée à produire une commande numérique pour l'un de ses clients. Afin de réaliser ce logiciel, l'entreprise MDP a dû supporter les coûts initiaux suivants : - coûts de conception : 20 000 € ; - logiciel : 30 000 € ; - matériel : 50 000 € ; - frais généraux et administratifs : 5 000 €. Ces coûts permettent à MDP de réaliser le contrat, mais ces biens ou services ne sont pas transmis au client.

Annexe 3 : Extrait de la norme IFRS 15

Modification de contrat

[...]

20. L'entité doit comptabiliser une modification de contrat comme un contrat distinct si les deux conditions suivantes sont remplies :

a) la portée du contrat augmente du fait de l'ajout de biens ou de services promis qui sont distincts (...) ; et

b) le prix du contrat augmente d'un montant de contrepartie qui reflète *les prix de vente séparés* de l'entité pour les biens ou services additionnels promis et tout ajustement approprié apporté à ces prix pour tenir compte des circonstances propres au contrat. L'entité peut, par exemple, ajuster le prix de vente séparé d'un bien ou d'un service supplémentaire pour tenir compte d'un rabais consenti au client parce que l'entité n'a pas à engager les coûts liés à la vente qu'il lui faudrait engager pour vendre un bien ou un service similaire à un nouveau client.

21. Si une modification de contrat n'est pas comptabilisée comme un contrat distinct conformément au paragraphe 20, l'entité doit comptabiliser les biens ou les services promis non encore fournis à la date de la modification (c'est-à-dire les biens ou services promis restants) selon l'une ou l'autre des manières suivantes :

a) L'entité doit comptabiliser la modification de contrat comme s'il s'agissait d'une résiliation du contrat existant et de la création d'un nouveau contrat si les biens ou services restants sont distincts des biens ou services qui ont été fournis jusqu'à la date de la modification du contrat. Le montant de contrepartie à affecter aux obligations de prestation qui restent à remplir (...) est la somme :

   i) de la contrepartie promise par le client (y compris les montants déjà reçus de la part du client) qui a été prise en compte dans l'estimation du prix de transaction et qui n'a pas été comptabilisée en produits des activités ordinaires ; et

   ii) de la contrepartie promise qui correspond à la modification du contrat.

b) L'entité doit comptabiliser la modification du contrat comme si celle-ci faisait partie du contrat existant si les biens ou services restants ne sont pas distincts et font par conséquent partie d'une seule et même obligation de prestation qui est partiellement remplie à la date de la modification du contrat. L'effet de la modification du contrat sur le prix de transaction et sur l'évaluation par l'entité de la mesure dans laquelle l'obligation de prestation est remplie est comptabilisé comme un ajustement (une augmentation ou une diminution) des produits des activités ordinaires à la date de la modification du contrat (c'est-à-dire que l'ajustement des produits des activités ordinaires est cumulatif).

c) Si les biens ou services restants combinent des caractéristiques décrites aux points a) et b) ci-dessus, l'entité doit comptabiliser les effets de la modification sur les obligations de prestation non remplies (y compris celles qui sont partiellement remplies) prévues dans le contrat modifié d'une manière qui concorde avec les objectifs du présent paragraphe.

SOEM

Patricia Gouttefarde

Connaissances associées

Principes de consolidation : cadre des opérations de consolidation

- Normes internationales : normes relatives à la consolidation

MISE EN SITUATION

Le groupe familial SOEM (Société d'Électricité et de Mécanique) était jusqu'à présent exempté de présentation de comptes consolidés au titre de l'exemption « petits groupes ». Le développement de son activité l'a conduit à dépasser les seuils d'exemption pour les deux derniers exercices; il sera donc tenu de présenter des comptes consolidés pour la première fois pour l'exercice N+1. Face à ce développement, une ouverture du capital à d'autres membres que la famille Oscar et une cotation sur Euronext pourraient être envisagées.
Une réunion de travail des responsables financiers et comptables de l'ensemble des sociétés du groupe se tiendra au siège de la société-mère, à Colmar, le 15 février N.
L'objet de la réunion est de définir l'organisation du système d'information à mettre en place pour parvenir à l'établissement des comptes consolidés et de répondre aux nombreuses questions que se posent les responsables qui ont été informés de l'obligation de consolider et invités à la réunion.
Vous avez été recruté(e) en tant que comptable confirmé(e) au service comptable et financier de la société-mère et êtes pressenti(e) comme responsable de la consolidation des comptes du groupe.

TRAVAIL À FAIRE

Vous êtes sollicité(e) pour préparer cette réunion et notamment prévoir des réponses aux questions qui ont d'ores et déjà été remontées au service comptable et financier de la société-mère. Vous êtes notamment chargé(e) de l'introduction de la journée de travail qui répondra à la question « Pourquoi consolider ? ». Le reste de la journée traitera du « Comment consolider » et vous répondrez techniquement aux questions des responsables financiers et comptables des sociétés du groupe.
Pour ce travail de préparation, vous avez collecté les informations figurant en **Annexes 1, 2 et 3.**

Annexe 1 : Principales méthodes employées par les sociétés du groupe (voir structure du groupe en Annexe 2)

Méthodes retenues : domaines	SOEM	SCI Oscar	SMM	SLE	SAE
Incorporation des frais d'acquisition[(1)] dans le coût des immobilisations	Non	Oui	Non	Non	Oui
Activation des frais de développement	Oui	Non applicable	Non	Non	Oui
Évaluation des indemnités de départ à la retraite (IDR)	Selon la méthode actuarielle	Calcul de l'IDR qui serait due en fin d'exercice en fonction de la convention collective de référence, du salaire et de l'ancienneté pour chaque salarié présent.			
Traitement comptable des IDR	Inscription en engagements hors bilan (pas de provision)				
Contrats à long terme	Méthode à l'avancement	Non applicable	Méthode à l'achèvement		

(1) *Droits de mutation, honoraires, commissions et frais d'acte*

Annexe 2 : Structure du groupe

Société	Forme juridique Siège	Principaux associés Entrée dans le groupe	Principales données chiffrées pour N-1 (1) (2)	Observations
SOEM	Société anonyme Colmar	Famille Oscar : 100% Société créée il y a 65 ans.	Bilan : 13 845 000 CA : 29 578 000 Effectif : 140	
SCI Oscar	Société civile immobilière Colmar	SOEM : 90% Famille Oscar : 10% Créée il y a 15 ans.	Bilan : 2 562 000 CA : 400 000 Effectif : 2	SCI créée pour séparer le patrimoine immobilier de l'exploitation.
Société de mécanique mulhousienne (SMM)	Société anonyme Mulhouse	Acquisition par la SOEM de 75% du capital il y a 12 ans.	Bilan : 5 825 400 CA : 13 816 000 Effectif : 79	Société acquise pour développer le marché dans le sud du Haut-Rhin.
Société ludovicienne d'électricité (SLE)	Société à responsabilité limitée Saint-Louis	Acquisition par la SOEM de 80% du capital il y a 5 ans.	Bilan : 2 456 000 CA : 4 210 000 Effectif : 19	Société acquise en raison de sa proximité avec le marché suisse.
Société alsacienne d'électronique (SAE)	Société anonyme Colmar	Acquisition du tiers du capital par la SOEM il y a 2 ans. La famille fondatrice de la SAE reste majoritaire.	Bilan : 2 533 000 CA : 3 210 000 Effectif : 14	Prise de participation dans le cadre d'une stratégie de diversification.

(1) *Il s'agit du total bilan en euros, du montant net du chiffre d'affaires en euros et du nombre moyen de salariés permanents tels que définis dans l'article R 233-16 du Code de commerce qui fixe les seuils à ne pas dépasser pour être exempté de l'obligation de consolider.*

(2) *Les valeurs pour N des différents critères sont supérieures à celles de N-1 pour toutes les sociétés du groupe.*

Annexe 3 : Liste des principales questions posées par les responsables comptables et financiers

Pourquoi tenir cette réunion si tôt en N alors que le groupe doit consolider ses comptes en N+1 ?

Faut-il dès à présent apprendre à connaître les normes IAS/IFRS ? Le cas échéant, quelles sont les normes IAS/IFRS définissant les règles et méthodes de consolidation ?

La consolidation des comptes change-t-elle quelque chose en matière de commissariat aux comptes ?

Pourquoi doit-on consolider ? À quoi servent les comptes consolidés ?

Pourquoi n'avons-nous pas consolidé jusqu'à présent ?

À qui sont destinés les comptes consolidés ?

La consolidation n'est-elle qu'une contrainte ou peut-elle aussi présenter des intérêts pour le groupe et les sociétés qui le composent ?

Faudra-t-il modifier toute notre comptabilité ?

Quelle différence entre « comptabilité de consolidation » et « consolidation de comptabilités » ?

Qu'est-ce qu'un « manuel de consolidation » ?

Qu'est-ce que « des méthodes de consolidation » ?

Comment se répartiront les tâches entre les services comptables des filiales et celui de la société-mère ?

Qu'est-ce qu'un pourcentage d'intérêt ? Qu'est-ce qu'un pourcentage de contrôle ? À quoi servent-ils ?

COSTATI

Patricia Gouttefarde & Fanny Ziegelmeyer

Connaissances associées

Pourcentages d'intérêt et de contrôle • Périmètre de consolidation • Méthodes de consolidation

MISE EN SITUATION

La société anonyme COSTATI est une société française spécialisée dans le domaine des équipements pour l'industrie automobile. Son activité est structurée en deux branches : les systèmes de filtration d'air et les composants de suspension. Leader sur le marché français depuis de nombreuses années et bénéficiant d'une capacité d'investissement et d'une trésorerie importantes, la société a décidé, durant la dernière décennie, de se développer à l'international. En plus des filiales historiques créées, la société a étendu son activité par des rachats et le développement de liens avec d'autres sociétés du secteur, ce qui lui a permis de devenir un groupe d'envergure mondiale. Les informations relatives au groupe COSTATI sont données dans l'**Annexe**.

TRAVAIL À FAIRE

1. Définir la manière dont est déterminé le contrôle de la société-mère sur les autres sociétés du groupe. Quels sont les types de contrôle qui sont distingués du point de vue de la consolidation ? Quelles sont les conséquences de cette distinction ?
2. Présenter l'organigramme du groupe COSTATI en indiquant les pourcentages de participation détenus par les sociétés du groupe dans les autres sociétés.
3. Détermination du périmètre de consolidation :
   a) Analyser et présenter le traitement à appliquer en consolidation pour les cas suivants :
   - démembrement de propriété relatif à une participation ;
   - existence d'une « entité ad hoc ».

   b) Déterminer, pour chaque société du groupe :
   - le pourcentage de contrôle exercé par la mère ;
   - le type de contrôle induit ;
   - la méthode de consolidation à retenir ;
   - le pourcentage d'intérêt du groupe sur les sociétés.

   Présenter les réponses sous forme de tableau.

NB : *pour chacune des questions, il conviendra de distinguer le traitement à appliquer dans le cadre du règlement CRC 99-02[1] de celui prévu par les normes IFRS.*

Deux associés de la SA COSTATI souhaitent se retirer du capital de la société. La SA CIF, qui dispose de liquidités, envisage alors de racheter leurs actions. Celles-ci représentent 5% du capital de la SA COSTATI.

TRAVAIL À FAIRE

4. Recalculer les pourcentages d'intérêt de COSTATI sur les différentes sociétés du groupe et expliquer la différence par rapport aux résultats précédents.

[1] Il s'agit du règlement du CRC du 29 avril 1999 relatif aux comptes consolidés des sociétés commerciales et entreprises publiques. Ce règlement a été modifié à plusieurs reprises par des règlements ultérieurs du CRC puis de l'ANC.
L'expression « Règlement 99-02 » désigne, de façon habituelle, les normes françaises de consolidation.

Annexe : Participations entre les sociétés

Société	Nombre d'actions	Répartition du capital	Remarques
Division Filtration			
COSTATI FILTRATION SAS (CF SAS)	10 000 actions ordinaires	COSTATI est à l'origine de la consitution de la société et détient 7 500 actions ; le reste est réparti entre des petits porteurs.	
CIF SA	5 000 actions ordinaires	CF SAS détient depuis 2 ans 3 000 actions de CIF SA. Elle a par ailleurs fait l'acquisition de 1 000 obligations CIF SA convertibles en actions (1 action pour 2 obligations), sur un total de 2 000 obligations convertibles émises. La conversion pourra être demandée dans les 6 mois à venir, avant la date de la prochaine AG. Elle apparaît comme très probable.	
Autofiltre SAS	9 000 actions ordinaires	COSTATI détient une participation dans Autofiltre à hauteur de 65%.	Les actions de cette filiale sont démembrées ; la société-mère ne détient que l'usufruit sur sa participation.
COSTATI - MNR Filtration Indian (C-MNR)	6 000 actions ordinaires	Le capital est détenu à 30% par COSTATI. Le reste est partagé entre deux sociétés locales (40%-30%).	C-MNR est une joint-venture implantée à Bangalore et mise en place avec deux partenaires locaux afin de développer des technologies de pointe dans la filtration de l'air. Une convention de cogestion existe entre les trois sociétés, prévoyant que les décisions nécessitent leur accord unanime.
BRASIL FILTERS Ltda	7 000 actions ordinaires 2 500 actions à droit de vote double	1 000 actions à droit de vote double sont détenues par Autofiltre. COSTATI souhaite renforcer ses liens avec BRASIL FILTERS et sa présence au Brésil. Sur les 7 000 actions ordinaires, 5 000 actions font l'objet d'engagements futurs fermes (portage) au profit de CF SAS, dont le dénouement est prévu rapidement.	
SAMT SAS	6 500 actions ordinaires	Aucune action n'est détenue par une filiale du groupe. La société SAMT a été créée spécifiquement par les dirigeants de COSTATI. En effet, la société SAMT a comme activité l'acquisition de matériels technologiques très coûteux qui sont ensuite mis à disposition sous forme de location à d'autres filiales du groupe. Les dirigeants de COSTATI détiennent le pouvoir en Assemblée Générale. Il est également précisé par contrat avec la banque d'investissement finançant ce projet que la société COSTATI se porte garante face aux risques de gestion.	
Division Suspensions			
COSTATI SUSPENSIONS SAS (CS SAS)	15 000 actions ordinaires	COSTATI est à l'origine de la constitution et détient une participation de 45% dans CS SAS.	La majorité des administrateurs de CS SAS a été cooptée par COSTATI depuis plus de deux exercices. Les pouvoirs de décision au sein de CS SAS sont exercés par la société mère.
SC MOTEURS SA (SCM SA)	8 000 actions ordinaires 2 000 certificats d'investissement et de droit de vote	CS SAS détient 500 certificats de droit de vote et 3 300 actions ordinaires de SCM. COSTATI possède 1 300 certificats d'investissement de SCM.	
CSBE SAS	15 000 actions ordinaires	La SAS CSBE a été constituée avec un capital social de 10 000 actions. La SA SCM détient 45% des actions créées à la constitution. Son développement a nécessité une augmentation de capital, par création de 5 000 actions supplémentaires, à laquelle n'a pas souscrit la SCM.	

Éditions Corroy • 4 rue de Villars, 42000 Saint-Étienne • 04 77 79 92 46 • infos@editions-corroy.fr

GROUPE PGT

Patricia Gouttefarde & Fanny Ziegelmeyer

Connaissances associées

Retraitements de pré-consolidation selon deux référentiels

MISE EN SITUATION

Le groupe PGT est constitué de la société mère PGT SA et de plusieurs filiales et participations. En perspective de l'établissement des comptes consolidés du groupe pour l'exercice N, le service de consolidation de la société mère (et société consolidante) a :

- déterminé le périmètre de consolidation et défini les méthodes de consolidation pour toutes les filiales et participations qui entrent dans ce périmètre ;
- obtenu des services comptables de l'ensemble des sociétés du groupe la communication des balances des comptes sociaux à fin N ainsi que toutes les informations complémentaires nécessaires aux travaux de consolidation.

À l'heure actuelle, les titres PGT ne sont pas admis à la négociation sur un marché réglementé et le groupe adopte, pour l'établissement de ses comptes consolidés, les règles de consolidation françaises (Règlement 99-02 du CRC relatif aux comptes consolidés). Les dirigeants de la SA PGT souhaitent néanmoins connaître les conséquences sur les documents consolidés de l'utilisation des normes IAS/IFRS pour les différents retraitements à effectuer.

La société E2G, filiale à 80% de PGT SA, est entrée récemment dans le groupe et n'a pas encore mis en œuvre en N toutes les méthodes communes figurant dans le manuel de consolidation du groupe.
Un certain nombre d'informations relatives aux opérations de cette filiale figurent en **Annexe**.

TRAVAIL À FAIRE

1. Le groupe PGT pourrait-il choisir de présenter ses comptes consolidés selon les normes IAS/IFRS ? Justifier la réponse.
2. Pour les opérations présentées en Annexe, identifier les différences de traitement entre les comptes sociaux de la filiale (règles du plan comptable général = Règlement ANC 2014-03), les comptes consolidés selon les normes françaises (Règlement CRC 99.02) et les comptes consolidés en normes IAS/IFRS.
3. Proposer les écritures de retraitements de pré-consolidation au 31/12/N (en vue de la consolidation du bilan et de la consolidation du compte de résultat) relatives aux opérations de la filiale E2G listées en Annexe :
   - selon les normes françaises préconisées par le manuel de consolidation du groupe ;
   - en supposant l'application des normes IAS/IFRS.

   Toutes les écritures seront précédées d'une analyse chiffrée de la situation permettant de les justifier.
   Pour le calcul des impôts différés, on retiendra un taux d'imposition d'1/3 et pour les calculs d'actualisation, un taux de 10%.

Annexe

1. La filiale E2G a inscrit en N-1 à son bilan des frais d'établissement pour un montant de 200 000 €. Elle amortit ces frais sur 5 ans sans prorata temporis. Le manuel de consolidation du groupe impose l'inscription des frais d'établissement en charges.

2. La filiale a acquis, le 1er janvier N, pour 120 000 € HT, une machine M1 dont la durée d'utilisation prévue est de 12 ans. Elle l'amortit de manière linéaire sur cette durée ; sa valeur résiduelle en fin de période d'utilisation est considérée comme non significative. La machine M1 nécessite une grande révision tous les 5 ans. À la date d'acquisition de la machine, le coût de la première grande révision est estimé à 25 000 € HT. Pour des raisons fiscales, la société E2G provisionne les dépenses de grande révision. Conformément au manuel de consolidation, les autres sociétés du groupe PGT traitent les dépenses de gros entretien ou grandes révisions selon la méthode des composants.

3. La société E2G utilise depuis début N-1 une machine financée par crédit-bail. Les conditions du contrat sont les suivantes :
   - Valeur de la machine en début de contrat : 100 000 € HT ;
   - Loyer annuel payable d'avance : 26 000 € ;
   - Durée du contrat : 5 ans ;
   - Valeur du bien en fin de contrat : nulle ;
   - Prix de levée d'option négligeable.

   L'opération est comptabilisée dans les comptes de la société E2G conformément aux règles du PCG alors que le groupe PGT a choisi de retraiter le crédit-bail selon la méthode préférentielle prévue dans le règlement 99.02 qui est conforme au référentiel IAS/IFRS.

4. Au bilan au 31/12/N de la société E2G figurent un écart de conversion actif de 23 000 € et un écart de conversion passif de 32 000 €. L'écart de conversion actif a donné lieu à une provision pour perte de change de même montant. Le manuel de consolidation du groupe retient l'inscription des gains et pertes de change latents en résultat.

5. La société E2G a obtenu début janvier N-2 une subvention de 80 000 € pour le financement d'un équipement dont le coût d'acquisition s'élève à 240 000 € HT. Pour cet équipement, les données sont les suivantes :
   - Durée d'utilisation : 8 ans ;
   - Valeur résiduelle non significative ;
   - Amortissement économique : linéaire ;
   - Amortissement fiscalement déductible : cet équipement ouvre droit à l'amortissement dégressif avec un coefficient de 3.

   La subvention est inscrite au compte 131 et reprise au compte de résultat au même rythme que l'amortissement fiscal.
   Le manuel de consolidation du groupe PGT prévoit que les subventions d'investissement restent inscrites en capitaux propres.

6. La filiale a acquis, le 01/07/N-2 un matériel industriel d'une valeur de 360 000 € pour lequel les modalités de paiement du prix au fournisseur ont été les suivantes : 100 000 € au comptant, 120 000 € le 01/07/N-1 et 140 000 € le 01/07/N (conditions exceptionnelles pour une acquisition de ce type). La société E2G a retenu pour ce bien un amortissement linéaire sur 6 ans et a considéré que la valeur résiduelle de ce bien en fin de durée d'utilisation est nulle. Le manuel de consolidation du groupe retient le même mode et la même durée d'amortissement pour ce type de biens.

7. La filiale E2G a signé le 01/01/N-1 un contrat de construction livrable le 01/10/N+1. Elle comptabilise les contrats à long terme selon la méthode à l'achèvement. Les caractéristiques de ce contrat sont les suivantes :
   - Prix de vente ferme du contrat : 300 000 € HT ;
   - Coût de production de l'en-cours fin N-1 : 80 000 € ;
   - Coût de production de l'en-cours fin N : 200 000 € ;
   - Charges prévisionnelles pour N+1 : 50 000 €.

   Le manuel de consolidation du groupe prévoit l'application de la méthode à l'avancement pour la comptabilisation des contrats à long terme. Le pourcentage d'avancement est mesuré en fonction du pourcentage d'engagement des charges.
   Pour ce retraitement, il sera fait abstraction de la TVA sur la créance client (Clients, factures à établir).

GROUPE EMI

Patricia Gouttefarde

Connaissances associées

Élimination des comptes réciproques et des résultats internes

MISE EN SITUATION

La SA EMI est une société française créée il y a six ans par un groupe de jeunes informaticiens inventifs. Elle s'est développée rapidement au cours des dernières années par croissance interne et par acquisitions de plusieurs sociétés présentes sur le même marché ou sur des marchés complémentaires aux siens.
EMI est ainsi devenue la société-mère d'un groupe d'une dizaine de sociétés. Parmi celles-ci, nous nous intéressons plus particulièrement aux sociétés suivantes en raison des opérations intra-groupe réalisées au cours de l'exercice N :

- La SA Maxinfo dont EMI détient directement 60% des actions. Ces titres figurent au bilan de la société EMI pour une valeur d'acquisition de 90 000 €.
- La SCI « 2C2P » a été créée il y a quatre ans pour séparer le patrimoine immobilier de l'activité d'exploitation. La SA EMI a ses locaux administratifs et ses laboratoires dans l'immeuble appartenant à la SCI. Elle détient 980 des 1 000 parts qui composent le capital de la SCI.
- La SNC Maxitrain a été constituée il y a deux ans entre le groupe EMI et le groupe Infotrain en vue de développer un projet commun très novateur et qui devrait déboucher prochainement sur un dépôt de brevet. EMI et Infotrain détiennent chacune la moitié des parts du capital de la SNC et les sociétés-mères des deux groupes partenaires ont signé un accord qui prévoit le partage des décisions de gestion de cette filiale commune.
- La société Caphi a une dizaine d'années et est, du fait de son activité, un fournisseur de la SA EMI. Cette dernière a acquis progressivement des actions de la SA Caphi et elle détient actuellement 25% de son capital. Le restant du capital de la société Caphi est détenu par d'assez nombreux actionnaires.

Les comptables de la société EMI chargés de la consolidation ont effectué les retraitements de pré-consolidation et cumulé les comptes des filiales intégrées. Ils ont établi la liste des opérations réalisées entre les sociétés du groupe au cours de l'exercice N. Ces informations ainsi que des extraits des balances de comptes de certaines sociétés figurent en **Annexes 1 et 2.**

TRAVAIL À FAIRE

1. Indiquer pour quelle raison il est nécessaire d'éliminer les opérations internes au groupe et les comptes réciproques pour l'établissement des comptes consolidés. Ces éliminations diffèrent-elles selon les référentiels de consolidation appliqués ?
2. Afin de pouvoir procéder à l'élimination des opérations internes au groupe et des comptes réciproques, ajuster au préalable les comptes inter-sociétés lorsque les comptes ou les montants concernés ne sont pas symétriques.
3. Quelles sont les méthodes de consolidation à appliquer aux différentes sociétés citées ? Quelles sont les incidences du type de méthode sur les éliminations d'opérations internes au groupe et des comptes réciproques ?
4. Procéder à l'élimination des opérations internes au groupe et des comptes réciproques. Tous les enregistrements au journal de consolidation seront expliqués et tous les calculs nécessaires seront présentés.
   Un taux de TVA de 20% sera retenu le cas échéant.

Annexe 1 : Extraits des balances des comptes (avant solde des comptes de gestion) au 31/12/N

Société EMI			
		SD	SC
26710453	Prêt à Maxitrain	80 000	
26780453	Intérêts courus sur prêt Maxitrain	1 600	
41100451	Clients groupe, Maxinfo	15 600	
61300452	Loyer siège, SCI « 2C2P »	36 000	
70100451	Ventes groupe, Maxinfo		144 000
76100451	Dividendes sur titres Maxinfo		24 000
76100453	Dividendes sur titres Maxitrain		2 000
Société MAXINFO			
		SD	SC
31100451	Stocks MP groupe, EMI	16 000	
40100451	Fournisseurs groupe, EMI		12 000
40300451	Fournisseurs groupe EMI, effets à payer		5 400
60100451	Achats groupe, EMI	141 320	
60310451	Variations de stocks MP groupe, EMI		6 000

Annexe 2 : Liste d'opérations réalisées entre les sociétés du groupe

Opérations réalisées entre EMI et Maxinfo

1. Une facture de vente relative à une livraison du 21/12/N a été adressée par EMI à Maxinfo le 30/12/N et n'est pas enregistrée chez cette dernière. Son montant s'élève à 3 600 € TTC.
2. La société EMI a remis à l'escompte le billet à ordre d'un montant de 5 400 € établi par Maxinfo en règlement des factures de novembre.
3. Des factures de vente pour un montant total de 1 920 € ont été adressées au cours de l'exercice N par EMI à Maxinfo et enregistrées par cette dernière en achats pour leur montant TTC, la TVA sur ces achats n'étant pas déductible.
4. La société Maxinfo a en stock au 31/12/N des matières vendues par EMI pour un montant de 16 000 € (montant avant ajustement résultant de l'opération n°1). Au 31/12/N-1 le stock en provenance d'EMI s'élevait à 10 000 €. La société EMI vend ses matières avec un taux de marge moyen de 20% du prix de vente. La dépréciation sur le stock de matières vendues par EMI a été estimée à 2 100 € au 31/12/N, contre 1 200 € au 31/12/N-1. La dépréciation N-1 a été intégralement reprise en N.
5. Le dividende versé en N par Maxinfo à EMI s'élève à 24 000 €.

Opérations réalisées entre EMI et la SCI « 2C2P »

1. La société EMI a cédé le 01/07/N un mobilier de bureau pour 8 000 € HT à la SCI. La société EMI a acheté ce mobilier pour 12 000 € HT le 01/07/N-4 et l'a amorti sur 10 ans sans valeur résiduelle. La SCI compte utiliser ce mobilier pendant 5 ans et l'amortit sur cette durée.
2. Pour l'exercice N, la SCI a facturé 36 000 € de loyer à la société EMI.

Opérations réalisées entre EMI et la SNC Maxitrain

1. La société EMI a consenti le 01/07/N un prêt de 80 000 €, remboursable in fine le 01/07/N+3, à la société Maxitrain. Le taux d'intérêt annuel de ce prêt, fixé en accord avec le groupe Infotrain, s'élève à 4%.
2. La société EMI a perçu 2 000 € de dividendes de Maxitrain au titre de l'exercice N-1.

Opérations réalisées entre EMI et la SA Caphi

1. La société EMI a acheté pour 120 000 € HT de fournitures à la SA Caphi au cours de l'exercice N.
2. La société EMI a en stock au 31/12/N des fournitures achetées à la SA Caphi pour un montant de 12 000 € HT. La société Caphi pratique un taux de marge moyen de 40% sur son prix de vente. EMI n'avait pas de stock en provenance de Caphi à la fin de l'exercice N-1.

ROBO

Patricia Gouttefarde

Connaissances associées

Conversion de comptes établis en devises

MISE EN SITUATION

Le groupe ROBO est composé de la société-mère française, ROBO SA, et de six filiales. Trois d'entre elles sont situées en Europe, l'une en Asie et deux sur le continent américain. Les filiales sont plus ou moins autonomes ; elles ont pour vocation essentielle de distribuer les produits du groupe sur le marché international.

La société-mère ROBO SA a acquis 60% du capital de la société japonaise ROBO K.K. le 01/01/N-4 lors de sa constitution. Cette société commercialise des produits du groupe mais également des produits provenant d'autres fournisseurs japonais et européens. Les dirigeants de ROBO K.K. prennent les décisions en toute autonomie par rapport à la direction du groupe.

La filiale américaine du groupe, ROBO Corp, est détenue à 80% par ROBO SA France depuis plusieurs années. ROBO Corp. contrôle la filiale mexicaine ROBOMEX SA depuis la création de celle-ci, le 01/01/N-3. La part d'intérêt du groupe dans la filiale mexicaine est de 50%. Cette dernière n'a pas d'autonomie ; elle est fortement intégrée des points de vue économique et financier à la société américaine ROBO Corp.

Les documents suivants sont fournis en **Annexe** :

- le bilan au 31/12/N de la société ROBO K.K. établi en yen ainsi que des compléments d'information concernant des opérations réalisées en N par cette société ;
- le bilan au 31/12/N de la société ROBOMEX SA établi en peso mexicain ainsi que des compléments d'information relatifs aux opérations réalisées en N par cette société ;
- des informations relatives aux cours des devises concernées ;
- des extraits du règlement 99.02.

TRAVAIL À FAIRE

1. Après analyse de la situation, indiquer la monnaie locale et la monnaie de fonctionnement pour la société japonaise ROBO K.K. et pour la société mexicaine ROBOMEX SA. En déduire la méthode de conversion des comptes de ces filiales en monnaie de présentation des comptes consolidés : l'euro.
2. Sur la base du règlement 99.02, établir un tableau comparatif des méthodes de conversion des documents établis en monnaie étrangère pour les différents éléments du bilan et du compte de résultat. Mettre en évidence les éventuelles différences de traitement selon IAS 21.
3. En vue de sa consolidation par la société-mère ROBO SA France, convertir le bilan et le compte de résultat de la filiale ROBO K.K. au 31/12/N en euros.
4. En vue de son intégration dans le sous-groupe américain ROBO Corp, convertir le bilan et le compte de résultat de la filiale ROBOMEX SA au 31/12/N en dollars.

Annexe 1 : Informations sur ROBO K.K.

Bilan au 31/12/N en yen

ACTIF	Brut	Amort Dép	Net	PASSIF	Montant
Immobilisations incorporelles				Capitaux propres	
Concessions, brevets...	18 000 000	4 500 000	13 500 000	*Capital*	180 000 000
Immobilisations corporelles				*Réserves*	54 000 000
Terrains	68 500 000	-	68 500 000	*Résultat*	18 650 000
Constructions	120 000 000	45 600 000	74 400 000		
Installations techniques,...	32 400 000	8 800 000	23 600 000		
Autres	8 640 000	3 380 000	5 260 000		
Immobilisations financières					
Participations	12 400 000	-	12 400 000		
Total I	259 940 000	62 280 000	197 660 000	Total I	252 650 000
Stocks et en-cours				Dettes	
Matières premières	33 880 000		33 880 000	*Emprunt auprès éts de crédit*	16 800 000
Produits finis	8 680 000		8 680 000	*Dettes fournisseurs et comptes rattachés*	20 800 000
Créances					
Créances clients	40 620 000		40 620 000	*Dettes fiscales et sociales*	6 900 000
Autres créances	23 100 000		23 100 000	*Dettes sur immobilisations*	21 000 000
Valeurs mobilières	8 750 000		8 750 000		
Disponibilités	5 460 000		5 460 000		
Total II	120 490 000	-	120 490 000	Total II	65 500 000
TOTAL	**380 430 000**	**62 280 000**	**318 150 000**	**TOTAL**	**318 150 000**

Toutes les immobilisations corporelles ont été acquises à la constitution de la société le 01/01/N-4.
Les immobilisations incorporelles et les titres de participation ont été acquis le 01/07/N-1.
Le stock de matières premières au 31/12/N a été acquis au cours moyen de 0,00970 € pour 1 yen et le stock de matières premières au 31/12/N-1 au cours moyen de 0,00922 € pour 1 yen.
Les produits en stock au 31/12/N ont été fabriqués au courant du mois de décembre N. Il en était de même pour les stocks de produits finis inscrits au bilan au 31/12/N-1.
Les résultats mis en réserves depuis la création de la filiale sont les suivants :

N-4	8 000 000
N-3	14 000 000
N-2	14 000 000
N-1	18 000 000
N	-
Total	**54 000 000**

Compte de résultat au 31/12/N en yen

Achats de MP	65 615 000	Ventes	94 000 000
Variation de stocks de MP	- 2 650 000	Production stockée	1 670 000
Charges diverses décaissables	14 875 000	Autres produits encaissables	13 280 000
Dotations aux amortissements et dépréciations	12 460 000		
Bénéfice	18 650 000		
Total	**108 950 000**	Total	**108 950 000**

Cours du yen (euro pour 1 yen)

Dates	Cours en €	Dates	Cours en €
01/01/N-4	0,006321	Cours moyen N-4	0,006643
01/07/N-1	0,008639	Cours moyen N-3	0,007632
01/12/N-1	0,009522	Cours moyen N-2	0,008615
31/12/N-1	0,009752	Cours moyen N-1	0,009111
01/12/N	0,009640	Cours moyen N	0,009760
31/12/N	0,009115		

Annexe 2 : Informations sur ROBOMEX SA

Bilan au 31/12/N en peso mexicain (MXN)

ACTIF	Brut	Amort Dép	Net	PASSIF	Montant
Immobilisations incorporelles				Capitaux propres	
Frais de développement	2 480 000	587 000	1 892 500	*Capital*	15 000 000
Immobilisations corporelles				*Réserves*	-
Terrains	4 087 500	-	4 087 500	*Résultat*	3 220 000
Constructions	15 600 000	2 300 000	13 300 000	*Subventions d'investissement*	860 000
Installations techniques,...	8 700 000	3 400 000	5 300 000		
Immobilisations financières					
Participations	1 500 000	-	1 500 000		
Total I	32 367 500	6 287 500	26 080 000	Total I	19 080 000
Stocks et en-cours				Provisions pour risques	780 000
Marchandises	1 200 000		1 200 000	Dettes	
Créances				*Emprunts auprès éts de crédit*	9 800 000
Créances clients	9 800 000	1 200 000	8 600 000	*Emprunts et dettes financières divers*	3 200 000
Autres créances	1 300 000		1 300 000		
Disponibilités	1 820 000		1 820 000	*Dettes fournisseurs et comptes rattachés*	4 300 000
				Dettes fiscales et sociales	1 840 000
Total II	14 120 000	1 200 000	12 920 000	Total II	19 920 00
TOTAL	**46 487 500**	**7 487 500**	**39 000 000**	**TOTAL**	**39 000 000**

Les frais de développement ont été inscrits au bilan le 01/07/N-2 pour 1 480 000 MXN et le 31/12 /N-1 pour 1 000 000 MXN et amortis sur 8 ans.
Les immobilisations corporelles ont été acquises à la constitution de la société.
La participation a été acquise le 01/09/N.
Les dépréciations des créances clients ont été constituées fin N-1 et n'ont pas été ajustées fin N.
La subvention a été obtenue le 31/12/N-1.

Compte de résultat au 31/12/N en peso mexicain (MXN)

Achats de marchandises	6 320 000	Ventes de marchandises	13 775 000
Variation de stocks de marchandises	-864 000	Autres produits encaissables	4 319 000
Charges diverses décaissables	7 789 000	QP de subvention virée en résultat	106 000
Dotations aux amortissements	1 735 000		
Bénéfice	3 220 000		
Total	18 200 000	Total	18 200 000

Dates	Cours du MXN par rapport au dollar (USD pour 1 MXN)
01/01/N-3	0,07313
01/07/N-2	0,07689
31/12/N-1	0,07174
01/09/N	0,07580
31/12/N	0,07790
Cours moyen N-1	0,07250
Cours moyen N	0,07450

Annexe 3 : Extraits du règlement 99.02

32 – Conversion des comptes d'entreprises établissant leurs comptes en monnaies étrangères
320 - Les méthodes de conversion
Pour déterminer le mode de conversion des comptes d'une entreprise consolidée établissant ses comptes en monnaie étrangère, il convient tout d'abord de déterminer sa monnaie de fonctionnement.

Lorsque cette entité a une autonomie économique et financière (filiale autonome), la monnaie dans laquelle elle tient ses comptes est généralement sa monnaie de fonctionnement.

Lorsque l'exploitation de cette entité fait partie intégrante des activités d'une autre entreprise qui établit ses comptes dans une autre monnaie (filiale non autonome), c'est en principe la monnaie de cette dernière qui est la monnaie de fonctionnement de l'entité.

[...]

À l'exception du cas des entreprises étrangères situées dans un pays à forte inflation dont le cas est traité au paragraphe 321 :
- la conversion des comptes d'une entreprise étrangère de sa monnaie locale à sa monnaie de fonctionnement, lorsque celle-ci est différente, est faite selon la méthode du cours historique ;
- la conversion des comptes d'une entreprise étrangère de sa monnaie de fonctionnement à la monnaie de l'entreprise consolidante est faite selon la méthode du cours de clôture.

3200 - La méthode du cours historique
Selon cette méthode, la conversion en monnaie de fonctionnement des comptes des entreprises étrangères s'effectue de la manière suivante :
- les éléments non monétaires, y compris les capitaux propres, sont convertis au cours historique, c'est-à-dire au cours de change à la date de l'entrée des éléments dans l'actif et le passif consolidés ;
- les éléments monétaires sont convertis au cours de change à la date de clôture de l'exercice ;
- les produits et les charges sont, en principe, convertis au cours de change en vigueur à la date où ils sont constatés ; en pratique, ils sont convertis à un cours moyen de période (mensuel, trimestriel, semestriel, voire annuel).

Toutefois les dépréciations constatées par voie d'amortissements ou de provisions sur des éléments d'actif convertis au cours historique sont elles-mêmes converties au même cours historique.

Les écarts de conversion résultant de l'application de cette méthode, tant sur les éléments monétaires qui figurent au bilan que sur les éléments du compte de résultat, sont inscrits au compte de résultat consolidé en « Charges et produits financiers ».

3201 - La méthode du cours de clôture
Selon cette méthode, la conversion des comptes des entreprises étrangères s'effectue de la manière suivante :
- tous les éléments d'actif et de passif, monétaires ou non monétaires, sont convertis au cours de change en vigueur à la date de clôture de l'exercice ;
- les produits et les charges (y compris les dotations aux amortissements et provisions) sont convertis au cours moyen de la période.

Les écarts de conversion constatés, tant sur les éléments du bilan d'ouverture que sur le résultat, sont portés, pour la part revenant à l'entreprise consolidante, dans ses capitaux propres au poste « Écarts de conversion » et pour la part des tiers au poste « Intérêts minoritaires ».

Éditions Corroy • 4 rue de Villars, 42000 Saint-Étienne • 04 77 79 92 46 • infos@editions-corroy.fr

ALDOMAT

Patricia Gouttefarde & Emmanuelle Pèpe

Connaissances associées

Partage des capitaux propres • Traitement des écarts d'évaluation et d'acquisition

MISE EN SITUATION

Le groupe ALDOMAT fait partie des leaders du marché de la domotique. Il est composé d'une société-mère et de plusieurs filiales dont les activités sont regroupées par types de produits (maison, jardin, véhicules, ...) et/ou par marchés ainsi que par circuits de distribution.
Les actions de la société-mère ALDOMAT ne sont pas admises sur un marché réglementé et les comptes consolidés du groupe sont présentés en euros.
Après cumul des comptes des filiales intégrées relatifs à l'exercice N et traitement des opérations de pré-consolidation, chaque filiale est traitée séparément au journal de consolidation avant établissement des comptes consolidés du groupe conformément au règlement 99.02 du CRC.

Il s'agit maintenant de traiter la question des écarts d'évaluation et des écarts d'acquisition concernant les trois filiales suivantes d'ALDOMAT : DOMILAV SA, NETALSA et ROBY SA.
En **Annexe 1**, figurent des informations relatives à l'acquisition des titres de ces sociétés.

Pour le calcul et le traitement comptable des écarts d'évaluation et des écarts d'acquisition relatifs à ces filiales, les bilans de ces sociétés à l'entrée dans le périmètre de consolidation du groupe figurent dans les **Annexes 2, 3 et 4.**
Pour les retraitements de consolidation, le taux d'impôt différé à retenir est de 33,1/3%.
En cas d'écart d'acquisition négatif sur les titres d'une filiale, le groupe ALDOMAT étale sur 5 ans la reprise de provision.

TRAVAIL À FAIRE

1. Rappeler en quoi consiste le partage des capitaux propres d'une filiale intégrée globalement. Comment s'effectue ce partage ? Pourquoi peut-on considérer ce partage comme l'opération « pivot » de la consolidation ?
2. Définir « écart d'acquisition » et « écart d'évaluation ». Quelle est la raison du calcul de ces écarts. Quelle est la signification d'un écart d'acquisition positif ? Quelle est la signification d'un écart d'acquisition négatif ?

En se fondant notamment sur les extraits du règlement 99.02 figurant en ***Annexe 5****:*

3. Calculer les écarts d'évaluation et d'acquisition pour la filiale DOMILAV SA. Enregistrer les écarts au journal de consolidation. Établir le tableau de partage des capitaux propres au 31/12/N. Procéder à l'enregistrement du traitement des capitaux propres de la filiale DOMILAV SA et des retraitements relatifs aux frais d'acquisition des titres au journal de consolidation.
4. Calculer les écarts d'évaluation et d'acquisition pour la filiale NETALSA. Quels sont l'analyse et le traitement comptable d'un écart d'acquisition négatif ?
5. Calculer les écarts d'évaluation et d'acquisition pour la filiale ROBY SA. Enregistrer les écarts au journal de consolidation.
6. Les dirigeants de la société ALDOMAT s'interrogent sur les principales divergences existant entre le règlement 99.02 et la norme IFRS 3 « Regroupements d'entreprises » en ce qui concerne l'écart d'acquisition (goodwill). Présenter une synthèse de ces divergences.

Annexe 1 : Informations relatives à l'acquisition des titres par ALDOMAT

Pour effectuer les transactions relatives à l'acquisition des titres, ALDOMAT fait systématiquement appel à un cabinet spécialisé dans ce type d'opération. Les honoraires facturés par le cabinet ainsi que les autres frais engagés pour l'acquisition des titres (formalités légales, frais de communication et de publicité) figurent dans le tableau ci-après.

Filiale	% de participation	Date d'acquisition	Prix d'acquisition	Frais d'acquisition des titres (1)
DOMILAV SA	70%	01/07/N-3	12 500 000 €	24 000 € HT
NETALSA	55%	01/01/N-1	3 787 000 €	12 000 € HT
ROBY SA	60%	01/01/N	8 500 000 €	9 000 € HT

(1) *Les frais d'acquisition ont été comptabilisés dans les comptes individuels d'Aldomat dans le coût d'acquisition des titres. Fiscalement, ils sont déductibles linéairement sur 5 ans, via la comptabilisation d'un amortissement dérogatoire.*

Annexe 2 : Informations relatives à DOMILAV SA

Bilan à la date d'entrée dans le périmètre de consolidation

ACTIF	Brut	Amort Dép	Net	PASSIF	Montant
Immobilisations incorporelles				Capitaux propres	
Concessions, brevets...	2 500 000	500 000	2 000 000	*Capital*	4 000 000
Immobilisations corporelles				*Réserves*	8 400 000
Terrains	1 800 000	-	1 800 000	*Résultat*	560 000
Constructions	3 400 000	595 000	2 805 000		
Installations techniques,...	1 200 000	300 000	900 000		
Autres	800 000	180 000	620 000		
Immobilisations financières					
Participations	2 300 000	-	2 300 000		
Total I	12 000 000	1 575 000	10 425 000	Total I	12 960 000
Stocks et en-cours				Dettes	
Marchandises	1 250 000	100 000	1 150 000	*Emprunts auprès éts de crédit*	2 800 000
Créances				*Dettes fournisseurs et comptes rattachés*	1 100 000
Créances clients	4 300 000	300 000	4 000 000		
Autres créances	1 700 000	-	1 700 000	*Dettes fiscales et sociales*	560 000
Valeurs mobilières	875 000	-	875 000	*Dettes sur immobilisations*	980 000
Disponibilités	250 000	-	250 000		
Total II	8 375 000	400 000	7 975 000	Total II	5 440 000
TOTAL	**20 375 000**	**1 975 000**	**18 400 000**	**TOTAL**	**18 400 000**

Les précisions suivantes sont fournies au sujet de certains éléments identifiables de la société DOMILAV à sa date d'entrée dans le périmètre de consolidation :

- une marque développée en interne est évaluée selon la méthode de capitalisation de la redevance[1] sur une durée de 8 ans : 2 100 000 € ; la marque n'est pas amortissable ; elle ne pourrait être cédée séparément de la société DOMILAV ;
- la valeur du terrain est estimée à 3 200 000 € ;
- les constructions sont évaluées à 5 200 000 € ; elles sont amortissables sur encore 20 ans ;
- le stock de marchandises est évalué à 950 000 € ;
- les engagements de retraite vis-à-vis des salariés calculés selon la méthode actuarielle retenue par le groupe s'élèvent à 1 000 000 €.

La valeur des autres éléments identifiables est correctement reflétée par les valeurs au bilan.

Après analyse des caractéristiques de l'opération d'acquisition de la filiale, le groupe ALDOMAT a estimé la durée d'utilisation de l'écart d'acquisition à 10 ans.

La société DOMILAV n'a procédé à aucune augmentation de capital depuis son entrée dans le périmètre de consolidation. Au 31/12/N le montant de ses réserves + report à nouveau est égal à 14 369 584 €. Le résultat de l'exercice N s'élève à 804 833 €.

[1] Cette méthode permet d'évaluer la marque en déterminant le montant des redevances nettes d'impôt que percevrait la société si elle avait consenti une licence à un tiers sur la durée estimée d'exploitation de la marque.

Annexe 3 : Informations relatives à NETALSA

Bilan à la date d'entrée dans le périmètre de consolidation

ACTIF	Brut	Amort Dép	Net	PASSIF	Montant
Immobilisations incorporelles				Capitaux propres	
Frais de développement	1 800 000	500 000	1 300 000	*Capital*	2 000 000
Immobilisations corporelles				*Réserves*	3 300 000
Terrains	750 000	-	750 000	*Résultat*	240 000
Constructions	2 131 250	426 250	1 705 000		
Installations techniques,...	250 000	150 000	100 000		
Autres	100 000	30 000	70 000		
Total I	5 041 250	1 106 250	3 925 000	Total I	5 540 000
Stocks et en-cours				Dettes	
En cours	700 000		700 000	*Emprunts auprès éts de crédit*	870 000
Créances				*Dettes fournisseurs et comptes rattachés*	230 000
Créances clients	2 200 000	200 000	2 000 000		
Disponibilités	225 000		225 000	*Dettes fiscales et sociales*	210 000
Total II	3 125 000	200 000	2 925 000	Total II	1 310 000
TOTAL	**8 156 250**	**1 306 250**	**6 850 000**	**TOTAL**	**6 850 000**

Les précisions suivantes sont fournies au sujet de certains éléments identifiables de la société NETALSA à sa date d'entrée dans le périmètre de consolidation :

- la valeur des relations contractuelles avec les clients est estimée à 500 000 € ; cet élément incorporel ne pourrait être cédé séparément de l'activité de cette filiale ; il n'est pas amortissable ;
- le terrain est évalué à 1 900 000 € ;
- les constructions acquises début N-5 sont évaluées à 5 280 000 € ; elles doivent encore être amorties sur 30 ans ;
- les engagements de retraite vis-à-vis des salariés calculés selon la méthode actuarielle retenue par le groupe s'élèvent à 1 800 000 €.

La valeur des autres éléments identifiables est correctement reflétée par les valeurs au bilan.

Annexe 4 : Informations relatives à ROBY SA

Bilan à la date d'entrée dans le périmètre de consolidation

ACTIF	Brut	Amort. Dép	Net	PASSIF	Montant
Immobilisations incorporelles				Capitaux propres	
Frais de développement	4 200 000	400 000	3 800 000	*Capital*	8 000 000
Concessions, brevets...	3 400 000	600 000	2 800 000	*Réserves*	8 600 000
Immobilisations corporelles				*Résultat*	600 000
Terrains	2 300 000	-	2 300 000		
Constructions	5 400 000	900 000	4 500 000		
Installations techniques,...	4 000 000	1 700 000	2 300 000		
Autres	300 000	20 000	280 000		
Immobilisations financières					
Prêts	1 200 000	-	1 200 000		
Total I	20 800 000	3 620 000	17 180 000	Total I	17 200 000
Stocks et en-cours				Dettes	
Matières premières	2 100 000	400 000	1 700 000	*Emprunts auprès éts de crédit*	6 000 000
Produits finis	3 500 000	-	3 500 000	*Dettes fournisseurs et comptes rattachés*	3 200 000
Créances					
Créances clients	3 100 000	200 000	2 900 000	*Dettes fiscales et sociales*	780 000
Valeurs mobilières	1 800 000	-	1 800 000	*Dettes sur immobilisations*	330 000
Disponibilités	430 000	-	430 000		
Total II	10 930 000	600 000	10 330 000	Total II	10 310 000
TOTAL	**31 730 000**	**4 220 000**	**27 510 000**	**TOTAL**	**27 510 000**

Les précisions suivantes sont fournies au sujet de certains éléments identifiables de la société ROBY SA à sa date d'entrée dans le périmètre de consolidation :

- les frais de développement ne déboucheront pas sur un dépôt de brevet et ne répondent pas à un projet activable ;

- les terrains sont évalués à 2 500 000 € ;
- les stocks de matières premières sont évalués à 1 800 000 € ;
- les engagements de retraite vis-à-vis des salariés calculés selon la méthode actuarielle retenue par le groupe s'élèvent à 600 000 €.

La valeur des autres éléments identifiables est correctement reflétée par les valeurs au bilan.

Annexe 5 : Extraits du règlement 99.02

210 - Coût d'acquisition des titres (Règlement n°2005-10 du CRC)
Le coût d'acquisition des titres est égal au montant de la rémunération remise au vendeur par l'acquéreur (liquidités, actifs ou titres émis par une entreprise comprise dans la consolidation estimés à leur juste valeur), majoré de tous les autres coûts directement imputables à l'acquisition.

[...]

En cas d'achat de titres en monnaies étrangères, le taux de conversion utilisé est le taux de change à la date d'entrée dans le périmètre de consolidation ou, le cas échéant, celui de la couverture (après correction du report-déport) si celle-ci a été prise avant l'opération. Les frais engagés pour mettre en place les couvertures sont également intégrés au coût d'acquisition des titres.
Dans tous les cas énoncés ci-dessus, outre la valeur des actifs remis par l'acquéreur au vendeur, le coût d'acquisition des titres inclut les coûts directs, nets de l'économie d'impôts correspondante (droits d'enregistrement, honoraires versés aux consultants et experts externes participant à l'opération, à l'exception des frais d'émission de titres qui sont imputables nets d'impôts sur les capitaux propres).

[...]

2111 - Identification des actifs et passifs (Règlement n°2005-10 du CRC)
Les actifs et passifs identifiables de l'entreprise acquise, y compris les éléments incorporels, sont des éléments susceptibles d'être évalués séparément dans des conditions permettant un suivi de leur valeur. Pour les actifs incorporels, tel peut être notamment le cas des brevets, marques et relations contractuelles avec les clients.
Un actif incorporel est reconnu et inscrit séparément au bilan consolidé dès lors qu'il répond aux conditions de définition et de comptabilisation prévues aux articles 211-3 et 311-1 du règlement n° 99-03[2] et aux dispositions de l'article 311-3.2 pour les projets de développement en cours nettement individualisés. Son évaluation doit être faite selon des critères objectifs et pertinents, essentiellement fondés sur sa valeur de marché s'il en existe une ou sur les avantages économiques futurs qu'il permettra de dégager.

2113 - Traitement comptable de l'écart d'acquisition
21130 - Écart d'acquisition positif (Règlement n° 2015-07 de l'ANC)
L'écart d'acquisition positif est inscrit à l'actif immobilisé.
L'entité détermine la durée d'utilisation, limitée ou non, de l'écart d'acquisition, à partir de l'analyse documentée des caractéristiques pertinentes de l'opération d'acquisition concernée, notamment sur les aspects techniques, économiques et juridiques.
Lorsqu'il n'y a pas de limite prévisible à la durée pendant laquelle l'écart d'acquisition procurera des avantages économiques au groupe, ce dernier n'est pas amorti.
Lorsqu'il existe, lors de l'acquisition, une limite prévisible à sa durée d'utilisation, l'écart d'acquisition est amorti linéairement sur cette durée, ou, si elle ne peut être déterminée de manière fiable, sur 10 ans. Toute modification significative de la durée d'utilisation de l'écart d'acquisition est traitée de manière prospective.
L'entité doit apprécier, à chaque clôture des comptes, s'il existe un indice montrant que l'écart d'acquisition a pu perdre de sa valeur.
Lorsqu'il existe un indice de perte de valeur, un test de dépréciation est effectué : la valeur nette comptable de l'écart d'acquisition est comparée à sa valeur actuelle.
Si sa valeur actuelle devient inférieure à sa valeur nette comptable, cette dernière est ramenée à la valeur actuelle par le biais d'une dépréciation.
Lorsque la durée d'utilisation de l'écart d'acquisition est non limitée, le test de dépréciation est réalisé au moins une fois par exercice, qu'il existe ou non un indice de perte de valeur. Les dépréciations comptabilisées ne sont jamais reprises.
Lorsque la durée d'utilisation de l'écart d'acquisition, estimée à l'origine comme non limitée, devient limitée au regard d'un des critères cités au deuxième alinéa de cet article, un test de dépréciation est réalisé ; l'écart d'acquisition, le cas échéant déprécié, est amorti sur la durée d'utilisation résiduelle.

21131 - Écart d'acquisition négatif (Règlement n°2005-10 du CRC)
Un écart d'acquisition négatif correspond généralement soit à une plus-value potentielle du fait d'une acquisition effectuée dans des conditions avantageuses, soit à une rentabilité insuffisante de l'entreprise acquise.
Toutefois, lors de l'acquisition, les actifs incorporels identifiés qui ne peuvent pas être évalués par référence à un marché actif ne doivent pas être comptabilisés au bilan consolidé s'ils conduisent à créer ou à augmenter un écart d'acquisition négatif.
L'excédent négatif éventuel est rapporté au résultat sur une durée qui doit refléter les hypothèses retenues et les objectifs fixés lors de l'acquisition.

[2] Rappel : règlement 99.03 = plan comptable général.

TECH-CONS

Patricia Gouttefarde & Fanny Ziegelmeyer

Connaissances associées

Partage des capitaux propres de filiales directes et indirectes selon les méthodes de consolidation

MISE EN SITUATION

La société anonyme TECH-CONS a pour activité la conception, la construction et la rénovation immobilières. Au cours des dernières années, elle a fortement développé ses activités à la fois par croissance interne et par acquisitions successives d'entreprises de métiers complémentaires aux siens. Par ailleurs, elle a pris des participations dans deux sociétés d'immobilier écologique.

Elle détient actuellement :

- 80% des actions de la SA MOB, spécialisée dans la construction de maisons à ossature bois ;
- 20% des actions de la SA DOMEOL qui conçoit et installe de l'éolien domestique.

La SA MOB détient elle-même 60% des actions de la SA DOMEOL.

À la fin de l'exercice N, la SA TECH-CONS doit présenter des comptes consolidés pour le groupe dont elle est société-mère. Ces comptes sont établis conformément au règlement 99.02 du CRC. Les retraitements de pré-consolidation ainsi que l'élimination des comptes réciproques et des quelques opérations internes au groupe ont déjà été effectués par le service comptable de la société TECH-CONS. Les bilans simplifiés de TECH-CONS, MOB et DOMEOL après retraitements sont fournis en **Annexe 2**.

TRAVAIL À FAIRE

1. Présenter l'organigramme du groupe TECH-CONS ainsi qu'un tableau faisant apparaître, pour chaque société, le % et le type de contrôle, la méthode de consolidation, le % d'intérêt du groupe ainsi que le % d'intérêt des minoritaires.
2. En se fondant sur l'article 111 du règlement 99-02 du CRC figurant en **Annexe 1**, rappeler le principe des deux techniques qu'il est possible d'appliquer pour consolider les comptes des sociétés du groupe. Indiquer les intérêts et limites respectifs de chacune des deux techniques.
3. Consolider les comptes des sociétés du groupe par la technique de la consolidation directe, en présentant les tableaux de partage des capitaux propres des sociétés DOMEOL puis MOB, les écritures en découlant puis le bilan consolidé du groupe TECH-CONS.

On suppose maintenant que MOB ne détient plus que 20% des actions DOMEOL et qu'il existe un autre actionnaire, externe au groupe, qui détient 45% des actions DOMEOL. Les postes du bilan de MOB sont modifiés de la manière suivante :

- *Titres de participation DOMEOL : 1 500 000€;*
- *Actifs divers : 11 500 000€.*

4. Reprendre les questions 1 et 3.

Annexe 1 : Extrait du règlement 99-02 du CRC

111 - Consolidation directe ou par paliers

La consolidation est effectuée à partir des comptes individuels des entreprises comprises dans le périmètre de consolidation, après avoir effectué les retraitements préalables indiqués dans la Section III. Elle est réalisée soit directement par l'entreprise consolidante, soit par paliers, c'est-à-dire en consolidant successivement des sous-ensembles consolidés dans des ensembles plus grands.

Les capitaux propres consolidés, les écarts d'acquisition et d'évaluation, les intérêts minoritaires et le résultat déterminés dans le cadre d'une consolidation directe doivent être les mêmes que ceux qui seraient obtenus si la consolidation était réalisée par paliers.

Annexe 2 : Bilans simplifiés des sociétés du groupe TECH-CONS après retraitements

Bilan TECH-CONS au 31/12/N

ACTIF	Montant net	PASSIF	Montant
Actifs divers	23 500 000	Capital (100 000 actions)	10 000 000
Titres de participation MOB	5 000 000	Réserves	8 000 000
Titres de participation DOMEOL	1 500 000	Résultat	1 000 000
		Total capitaux propres	19 000 000
		Dettes	11 000 000
Total	30 000 000	Total	30 000 000

Bilan MOB au 31/12/N

ACTIF	Montant net	PASSIF	Montant
Actifs divers	9 000 000	Capital (50 000 actions)	5 000 000
Titres de participation DOMEOL	4 000 000	Réserves	4 000 000
		Résultat	500 000
		Total capitaux propres	9 500 000
		Dettes	3 500 000
Total	13 000 000	Total	13 000 000

Bilan DOMEOL au 31/12/N

ACTIF	Montant net	PASSIF	Montant
Actifs divers	12 000 000	Capital (60 000 actions)	6 000 000
		Réserves	2 000 000
		Résultat	400 000
		Total capitaux propres	8 400 000
		Dettes	3 600 000
Total	12 000 000	Total	12 000 000

POLINETTO

Patricia Gouttefarde, Fanny Ziegelmeyer &
Emmanuelle Pèpe

Connaissances associées

Variations du pourcentage d'intérêts et du périmètre de consolidation

MISE EN SITUATION

Mme Martin est la directrice administrative et financière de la SA POLINETTO et responsable de la consolidation des comptes du groupe dont la SA POLINETTO est la société-mère. Le secteur d'activité du groupe est la vente, la maintenance et la location de tout type de matériel de nettoyage. La SA POLINETTO n'a que des participations directes dans les sociétés du groupe, participations qui ont été prises pour étendre son activité à l'ensemble des techniques et systèmes de nettoyage.
Mme Martin vous consulte au sujet des conséquences qu'aurait sur les comptes consolidés un certain nombre d'opérations envisagées par les associés de la société-mère. La composition actuelle du groupe POLINETTO et les opérations envisagées sont résumées dans le tableau suivant :

Filiale ou participation	Domaine d'activité	% de contrôle et d'intérêt	Date d'acquisition des titres	Valeur d'acquisition	Opération envisagée fin N
SA MAF	Matériel d'aspiration et de filtration	60%	01/01/N-1	800 000€	Acquérir 20% de part supplémentaire. Coût estimé : 300 000€.
SAFIL	Systèmes de sablage et de filtration	25%	01/01/N-1	250 000€	Acquérir 30% de part supplémentaire. Coût estimé : 400 000€.
NHP SA	Nettoyage haute pression	60%	01/01/N-2	700 000€	Céder 50% du capital de la société. Prix de cession estimé : 850 000€.

Les comptes consolidés du groupe POLINETTO sont actuellement établis selon le règlement 99-02. Toutefois, afin de financer le développement de l'activité, Mme Martin envisage une introduction en bourse, sur Euronext. L'application des normes IAS/IFRS deviendrait alors obligatoire.
Mme Martin met à votre disposition les comptes annuels des différentes sociétés à leur date d'entrée dans le groupe ainsi que les comptes annuels provisoires au 31/12/N. Elle vous fournit également le manuel de consolidation du groupe.

Des informations concernant les différentes sociétés figurent en **Annexe 1**. Un extrait du manuel de consolidation du groupe est fourni en **Annexe 2**.

TRAVAIL À FAIRE

Pour chacune des opérations envisagées :

1. Après avoir indiqué la méthode de consolidation actuelle, indiquer les conséquences de l'opération envisagée sur celle-ci (maintien ou modification de la méthode, sortie ou non de la filiale du périmètre, traitement comptable selon le règlement 99-02).
2. Déterminer l'écart d'acquisition à la date d'acquisition des titres.
3. Effectuer tous les calculs nécessaires si l'opération envisagée se réalisait. Proposer les écritures en vue de la consolidation du bilan au 31/12/N qui en découleraient. Ce travail sera fondé sur les règles de consolidation du règlement 99-02. ***NB*** *: l'application de l'impôt différé s'effectuera au taux de 1/3.*
4. Présenter les différences de traitement et les écritures modifiées en cas d'application des normes IAS/IFRS, en supposant que le groupe applique la méthode du « goodwill partiel ».

Annexe 1 : Extraits des comptes annuels des différentes sociétés du groupe

SA MAF

Au 01/01/N-1		Au 31/12/N	
Capital	600 000	Capital	600 000
Réserves	150 000	Réserves	300 000
Plus-value sur terrain	300 000		
Plus-value sur construction	90 000		

SAFIL

Au 01/01/N-1		Au 31/12/N	
Capital	400 000	Capital	400 000
Réserves	100 000	Réserves	150 000
Plus-value sur terrain	60 000	Plus-value sur terrain	60 000
Plus-value sur matériel	12 000	Plus-value sur matériel	9 000

NHP SA

Au 01/01/N-2		Au 31/12/N	
Capital	600 000	Capital	600 000
Réserves	200 000	Réserves	400 000
Plus-value sur terrain	50 000		
Plus-value sur construction	50 000		

Annexe 2 – Extrait du manuel de consolidation du groupe

Les constructions sont amorties sur 20 ans. Les matériels sont amortis sur 5 ans.
Lors de l'acquisition des titres de participation des différentes sociétés, la limite prévisible de la durée d'utilisation des écarts d'acquisition a été estimée à 10 ans.

MDJ

Patricia Gouttefarde & Fanny Ziegelmeyer

Connaissances associées
Cas de synthèse

MISE EN SITUATION

Implantée à Morez, la société Montres du Jura (MDJ) exerce son activité dans le secteur de l'horlogerie. Elle fabrique et répare des montres haut de gamme. Dans le cadre du développement et de la diversification de son activité, elle a pris des participations dans d'autres sociétés :

- la SA WTC, spécialisée dans la réparation et le négoce de montres de grandes marques ;
- la société Oraloi, qui a, quant à elle, une activité de négoce de bijoux.

Par ailleurs, afin d'optimiser la distribution de ses produits à l'étranger, la société MDJ a créé, en partenariat avec deux autres sociétés du secteur, une filiale commune, la SAS Distriwatch (DW). Un accord d'exploitation conjointe a été conclu entre les trois sociétés.

Vous trouverez en **Annexes** toutes les informations nécessaires à la consolidation du groupe.

TRAVAIL À FAIRE

1. Présenter schématiquement les principales étapes de la démarche de consolidation.

   Pour la suite, on supposera que la société applique les dispositions du règlement CRC 99-02. Pour le calcul des impôts différés, on retiendra un taux d'imposition de 1/3.
2. Présenter l'organigramme du groupe et analyser le périmètre de consolidation, après avoir présenté un tableau précisant les pourcentages de contrôle et d'intérêt, le type de contrôle exercé et la méthode de consolidation à appliquer pour chaque société.
3. Présenter, dans le journal de pré-consolidation de chaque filiale, les écritures de retraitements (bilan et compte de résultat). Présenter, sous la forme d'un extrait de balance, pour chaque société concernée, le solde des comptes modifiés par ces écritures.
4. Rappeler le traitement à appliquer aux comptes individuels des sociétés, une fois les retraitements de pré-consolidation effectués (sans passer les écritures liées).
5. Procéder aux retraitements relatifs aux comptes réciproques et aux résultats internes (au bilan et au compte de résultat).
6. Après avoir analysé les écarts d'évaluation et d'acquisition, enregistrer les écritures nécessaires (au bilan et au compte de résultat).
7. Procéder au partage des capitaux propres des sociétés du groupe et enregistrer les écritures nécessaires.
8. Présenter le bilan et le compte de résultat consolidés.

Annexe 1 : Informations relatives aux participations

WTC :	Les titres WTC sont des actions ordinaires. MDJ en détient 60%, acquis au prix de 4 924 000 €.
ORALOI :	Le capital d'Oraloi se compose de 1 500 actions à droit de vote double et de 7 000 actions ordinaires. MDJ détient les 1 500 actions à droit de vote double, acquises 1 200 000 €.
DW :	MDJ détient une participation de 30% dans le capital de DW, acquise pour 900 000 €.

Annexe 2 : Documents de synthèse et informations relatives à la société MDJ

Bilan au 31 décembre N en K€

ACTIF	N			PASSIF	N
	BRUT	Amort - dépré	NET		
Immobilisations incorporelles	200	200	-	Capital Réserves	8 000 6 500
Immobilisations corporelles	20 000	8 000	12 000	Résultat	200
Immobilisations financières	8 000		8 000	Provisions réglementées	50
TOTAL I	28 200	8 200	20 000	TOTAL I	14 750
Stocks et en-cours Créances Disponibilités	400 2 350 500		400 2 350 500	Dettes	8 500
TOTAL II	3 250	-	3 250	TOTAL II	8 500
TOTAL GÉNÉRAL	31 450	8 200	23 250	TOTAL GÉNÉRAL	23 250

Le bilan de la société MDJ fait apparaître dans la rubrique « provisions réglementées » des amortissements dérogatoires d'un montant de 50 000 € (dont 10 000 € pour l'exercice N).

Compte de résultat au 31 décembre N en K€

Charges		Produits	
Achats	7 120	Ventes	12 540
Variations de stocks	- 232	Produits divers d'exploitation	3 240
Charges diverses d'exploitation	8 560	Porduits financiers	258
Charges financières	430	Produits exceptionnels	120
Charges exceptionnelles	80		
Résultat	200		
TOTAL	16 158	TOTAL	16 158

Annexe 3 : Documents de synthèse et informations relatives à la société WTC

Bilan au 31 décembre N en K€

ACTIF	N			PASSIF	N
	BRUT	Amort - dépré	NET		
Immobilisations incorporelles				Capital Réserves	5 000 4 000
Immobilisations corporelles	13 000	2 200	10 800	Résultat	120
Immobilisations financières	1 000		1 000	Provisions réglementées	80
TOTAL I	14 000	2 200	11 800	TOTAL I	9 200
Stocks et en-cours Créances Disponibilités	800 1 200 400		800 1 200 400	Dettes	5 000
TOTAL II	2 400	-	2 400	TOTAL II	5 000
TOTAL GÉNÉRAL	16 400	2 200	16 400	TOTAL GÉNÉRAL	14 200

Compte de résultat au 31 décembre N en K€

Charges		Produits	
Achats	3 450	Ventes	8 680
Variations de stocks	235	Produits divers d'exploitation	180
Charges diverses d'exploitation	5 060	Produits financiers	45
Charges financières	140	Produits exceptionnels	130
Charges exceptionnelles	30		
Résultat	120		
TOTAL	9 035	TOTAL	9 035

Le bilan de la société WTC fait apparaître dans la rubrique « provisions réglementées » une provision pour hausse des prix d'un montant de 80 000 € enregistrée en N-2.
Le dividende versé en N par la filiale WTC à la société-mère est de 20 000 €.
La société WTC a en stocks au 31/12/N des marchandises vendues par MDJ pour 200 000 €. Au 31/12/N-1, ce stock était de 80 000 €. La société MDJ vend ses marchandises avec un taux de marge moyen de 20% du prix de vente.
Le total des achats effectués par WTC auprès de MDJ durant l'exercice N s'élève à 600 000 € HT. Tout a été réglé à la clôture N.

Annexe 4 : Documents de synthèse et informations relatives à la société ORALOI

Bilan au 31 décembre N en K€

ACTIF	N			PASSIF	N
	BRUT	Amort - dépré	NET		
Immobilisations incorporelles	100	50	50	Capital	2 500
				Réserves	2 000
Immobilisations corporelles	12 000	4 500	7 500	Résultat	200
Immobilisations financières				Subvention	100
TOTAL I	12 100	4 550	7 550	TOTAL I	4 800
Stocks et en-cours	150		150		
Créances	1 000		1000	Dettes	4 000
Disponibilités	100		100		
TOTAL II	1 250	-	1 250	TOTAL II	4 000
TOTAL GÉNÉRAL	13 350	4 550	8 800	TOTAL GÉNÉRAL	8 800

La subvention d'investissement inscrite au bilan d'ORALOI a été obtenue le 1er janvier N-2 (montant brut : 160 000 €). Elle a servi à financer l'acquisition d'une immobilisation, qui fait l'objet d'un amortissement linéaire, sur 8 ans. La subvention est reprise en résultat au même rythme que l'amortissement.
En consolidation, les subventions d'investissement sont inscrites en produits constatés d'avance.

Compte de résultat au 31 décembre N en K€

Charges		Produits	
Achats	659	Ventes	2 000
Variations de stocks	-20	Produits divers d'exploitation	5
Charges diverses d'exploitation	1 080	Produits financiers	0
Charges financières	106	Produits exceptionnels	20
Charges exceptionnelles	0		
Résultat	200		
TOTAL	2 025	TOTAL	2 025

Annexe 5 : Documents de synthèse et informations relatives à la société DW

Bilan au 31 décembre N en K€

ACTIF	N			PASSIF	N
	BRUT	Amort - dépré	NET		
Immobilisations incorporelles Immobilisations corporelles Immobilisations financières	 8 000	 1 000	 7 000	Capital Réserves Résultat	3 000 2 000 100
TOTAL I	**8 000**	**1 000**	**7 000**	**TOTAL I**	**5 100**
Stocks et en-cours Créances Disponibilités	100 400 100		100 400 100	Dettes	2 500
TOTAL II	**600**	**-**	**600**	**TOTAL II**	**2 500**
TOTAL GÉNÉRAL	**8 600**	**1 000**	**7 600**	**TOTAL GÉNÉRAL**	**7 600**

Compte de résultat au 31 décembre N en K€

Charges		Produits	
Achats Variations de stocks Charges diverses d'exploitation Charges financières Charges exceptionnelles Résultat	350 20 780 70 10 100	Ventes Produits divers d'exploitation Produits financiers Produits exceptionnels	1 260 30 0 40
TOTAL	**1 330**	**TOTAL**	**1 330**

Annexe 6 : Capitaux propres et plus-values latentes aux dates d'acquisition des titres (en K€)

	WTC	ORALOI
Date d'acquisition	01/01/N-4	01/07/N-2
Capitaux propres lors de la prise de contrôle		
Capital	4 000	2 500
Réserves	3 000	1 500
Résultat de l'exercice	320	200
Subvention	0	150
Plus-values latentes lors de la prise de contrôle		
Immobilisations corporelles	580	100

Les plus-values latentes sur immobilisations corporelles de la société WTC se décomposent en 500 pour une installation complexe (amortissable sur 10 ans en linéaire) et 80 pour un terrain.

Les plus-values latentes sur immobilisations corporelles de la société ORALOI portent sur une immobilisation non amortissable.

Les titres DW ont été acquis à la constitution de la filiale et aucun écart n'est à constater.

Après analyse des caractéristiques des opérations d'acquisition des filiales, le groupe MDJ prévoit que la durée d'utilisation des écarts d'acquisition soit limitée. Ne pouvant toutefois la déterminer précisément, une durée de 10 ans est retenue pour leur amortissement.

SOGEDIS

Patricia Gouttefarde & Fanny Ziegelmeyer

Connaissances associées

Tableau des variations des capitaux propres

MISE EN SITUATION

Le groupe SOGEDIS est l'un des leaders de l'industrie européenne du complément alimentaire et de la distribution de proximité. Il poursuit une politique de croissance interne et de croissance par acquisitions et réalise plus de 45% de son chiffre d'affaires sur les marchés internationaux. En N, tous ses indicateurs économiques ont connu une croissance à deux chiffres.

Le groupe SOGEDIS est coté sur Euronext ; il est le premier groupe européen du secteur des compléments alimentaires par sa capitalisation boursière. Les comptes annuels consolidés de l'exercice N sont préparés conformément aux normes IFRS. Comme l'exige ce référentiel, une information comparative est fournie en appliquant les IFRS à l'exercice N-1.

TRAVAIL À FAIRE

1. Rappeler l'objectif du tableau des variations des capitaux propres. Quel est son intérêt pour les groupes ? Ce tableau est-il obligatoire ?
2. Quels sont les composants à présenter au minimum dans l'état des variations des capitaux propres en normes IFRS ? S'agit-il des mêmes qu'en normes françaises ?
3. En utilisant le modèle proposé en **Annexe 2**, présenter le tableau des variations des capitaux propres pour l'année N.

Annexe 1 : Bilan consolidé du groupe SOGEDIS au 31/12/N (normes IFRS)

ACTIF (en K€)

	Exercice N	Exercice N-1
ACTIF NON-COURANT		
Immobilisations corporelles	971 014	884 508
Actifs incorporels	859 303	717 561
Impôts différés	422 460	438 051
Total actif non-courant	2 252 777	2 040 120
ACTIF COURANT		
Stocks	966 350	957 041
Clients et comptes rattachés	1 516 490	1 536 115
Valeurs mobilières de placement	192 734	233 141
Trésorerie et équivalent de trésorerie	299 386	277 904
Total actif courant	2 974 960	3 004 201
TOTAL ACTIF	5 227 737	5 044 321

PASSIF (en K€)

	Exercice N	Exercice N-1
CAPITAUX PROPRES		
Capital social	161 533	169 933
Actions propres en portefeuille	-124 782	
Réserves consolidées	497 854	430 558
Résultat consolidé de l'exercice	576 615	539 337
Capitaux propres attribuables au groupe	1 111 220	1 139 828
Intérêts minoritaires	227 430	286 649
Total des capitaux propres	1 338 650	1 426 477
PASSIF NON-COURANT		
Émission d'obligations et autres titres négociables	1 591 150	1 100 000
Dettes auprès des établissements de crédit	646 738	644 829
Dettes de location financement	43 754	40 333
Impôts différés	253 081	167 705
Total passif non-courant	2 534 723	1 952 867
PASSIF COURANT		
Dettes commerciales et comptes rattachés	1 354 364	1 664 977
Dettes envers l'État (impôts)	0	0
Total passif courant	1 354 364	1 664 977
TOTAL PASSIF	5 227 737	5 044 321

Annexe 2 : Informations diverses

- En janvier N, le groupe a procédé à un changement de méthode de valorisation de ses stocks. L'application rétrospective de ce changement a conduit à une augmentation des réserves consolidées de 222 552 K€.
- Certains changements de méthode d'évaluation effectués durant l'exercice pèsent sur les intérêts minoritaires, qui baissent de 77 000 K€.
- La société-mère a distribué un dividende de 246 636 K€. La part de dividende versée par des filiales du groupe aux minoritaires est de 35 110 K€.
- Conformément à une décision de l'Assemblée Générale des actionnaires du 29 juin N, la société-mère a procédé en N à une réduction de capital par annulation de 14 000 000 actions propres pour un montant nominal de 8 400 K€ et une réduction des réserves 447 957 K€.
- Actions propres en portefeuille :

	Nombre d'actions	Coût d'acquisition (en K€)
Entrées	16 999 193	562 933
Sorties	- 78 774	- 1 699
Réduction de capital	- 14 000 000	- 456 357
Plan d'attribution d'actions	90 000	19 905
Solde au 31 décembre N	**3 010 419**	**124 782**

- Le montant de résultat N dans les intérêts minoritaires est de 52 891 K€.

Annexe 3 : Modèle de tableau des variations des capitaux propres

	Capital social	Actions propres en portefeuille	Réserves consolidées	Résultat global consolidé	TOTAL GROUPE	Intérêts minoritaires	TOTAL
Solde au 31/12/N-1							
Affectation du résultat aux réserves							
Affectation du résultat aux dividendes							
Acquisition d'actions propres							
Réduction de capital							
Résultat net de l'exercice N							
Autres mouvements							
Solde au 31/12/N							

GAMMA

Patricia Gouttefarde & Fanny Ziegelmeyer

Connaissances associées

Tableau des flux de trésorerie

MISE EN SITUATION

Le groupe GAMMA, constitué de la société-mère GAMMA et de deux filiales, DETEC et GUIDEA, intervient dans le développement et la commercialisation de produits et de solutions innovantes pour faciliter le guidage et l'accessibilité à la voirie et aux transports des personnes déficientes visuelles. Non coté, le groupe établit des comptes consolidés en respectant les dispositions du règlement CRC 99-02. Afin de fiabiliser le processus de consolidation et d'éviter au maximum les erreurs, la Directrice financière du groupe, Mme Buhl, souhaite définir un guide de procédures pour l'établissement des comptes consolidés.

Actuellement en alternance DSCG au service comptable de la société GAMMA, vous êtes chargé(e) par Mme Buhl de ce travail pour l'établissement du tableau des flux de trésorerie. Elle vous demande de préciser les différences entre les dispositions du règlement 99-02 et des normes IFRS.

Les informations nécessaires à ce travail sont fournies en **Annexes**.

TRAVAIL À FAIRE

1. Indiquer l'intérêt de la présentation d'un tableau des flux de trésorerie par les groupes.
2. Développer les contraintes de présentation et de forme imposées aux groupes pour l'établissement de leur tableau des flux de trésorerie en précisant notamment les trois catégories de flux qui figurent dans ce tableau.
3. Rappeler comment sont pris en compte les flux de trésorerie des filiales.
4. Rappeler comment sont pris en compte les flux de trésorerie liés au crédit-bail et aux variations du périmètre de consolidation.
5. Dresser le tableau des flux de trésorerie du groupe à partir des tableaux de flux individuels. Quel commentaire peut-on faire sur l'impact des retraitements sur les flux de trésorerie ?

   Pour les retraitements et le calcul des impôts différés, on retiendra un taux d'imposition de 1/3.
6. Quelle autre méthode de construction du tableau aurait-on pu utiliser ?
7. Retrouver le montant du résultat N, au début du tableau des flux de trésorerie, à partir du bilan consolidé.

Annexe 1 : Analyse du périmètre de consolidation

Société	% de contrôle	% d'intérêt	Contrôle	Méthode de consolidation
DETEC	80%	80%	Contrôle exclusif	Intégration globale
GUIDEA	30%	30%	Influence notable	Mise en équivalence

Annexe 2 : Informations relatives aux opérations et retraitements de l'exercice N

La société GAMMA comptabilise depuis 3 ans une provision pour hausse de prix. À l'ouverture de l'exercice, le solde du compte était de 180 K€. Au cours de l'exercice, la société a repris cette provision à hauteur de 10 K€ et l'a dotée pour 40 K€.
La société GAMMA vend des marchandises à sa filiale DETEC en pratiquant un taux de marge de 10% du prix de vente. Au 31/12/N, le stock de marchandises détenues par DETEC et achetées auprès de GAMMA avait une valeur de 150 K€, contre 180 K€ à la clôture N-1.
En milieu d'exercice, la société DETEC a remboursé un prêt qu'elle avait contracté auprès de GAMMA, d'un montant de 300 K€.
Suite à l'affectation du résultat N-1, les sociétés ont procédé aux distributions de dividendes suivantes (en K€) :

GAMMA	790
DETEC	420
GUIDEA	270

À la fin de l'exercice N, la société GAMMA a cédé l'une de ses immobilisations à DETEC, pour un prix de 240 K€. Cette immobilisation avait été acquise par GAMMA début N-4, pour un montant de 300 K€ et faisait l'objet d'un amortissement linéaire, sur 10 ans. DETEC prévoit de l'utiliser encore 5 ans.

Annexe 3 : Bilan consolidé au 31/12/N (en K€)

ACTIF			PASSIF		
	N	N-1		N	N-1
Immobilisations	64 529	52 087	Capital	28 500	27 000
			Primes et réserves groupe	34 916	31 280
			Résultat groupe	4 294	3 926
Stocks	11 530	9 210	Intérêts minoritaires	4 677	3 897
Créances	30 430	29 500	Dettes financières	14 320	8 450
IDA	35	6	Dettes d'exploitation	19 957	18 190
Disponibilités	210	2 000	IDP	70	60
Total de l'actif	106 734	92 803	Total du passif	106 734	92 803

Annexe 4 : Tableaux des flux de trésorerie individuels (en K€)

<u>Flux de trésorerie liés aux activités d'exploitation</u>	GAMMA	DETEC	GUIDEA
Résultat N	3 290	1 560	703
Dotations nettes aux amortissements et aux provisions	2 900	1 020	400
- Plus-values de cession	- 510	0	0
- Accroissement du BFR	- 1 240	- 240	- 285
Flux de trésorerie liés aux activités d'exploitation	**4 440**	**2 340**	**818**
<u>Flux de trésorerie liés aux activités d'investissement</u>			
Cessions d'immobilisations	2 820		
Remboursement d'immobilisations financières	300		
- Acquisitions d'immobilisations	- 16 550	- 1 500	- 230
Flux de trésorerie liés aux activités d'investissement	**- 13 430**	**- 1 500**	**- 230**
<u>Flux de trésorerie liés aux activités de financement</u>			
Augmentation de capital et apports	2 000 (1)	0	
Augmentation des dettes financières	5 600	900	
- Distribution de dividendes	- 790	- 420	- 270
- Remboursement de dettes financières		- 930	- 168
Flux de trésorerie liés aux activités de financement	**6 810**	**- 450**	**- 438**
<u>Variation de trésorerie</u>	**- 2 180**	**390**	**150**
<u>Synthèse et vérification</u>			
Trésorerie au 31/12/N-1	**1 320**	**680**	**247**
Trésorerie au 31/12/N	**- 860**	**1 070**	**397**
Variation de trésorerie	**- 2 180**	**390**	**150**

(1) *Courant N, la société GAMMA a procédé à une augmentation de capital en numéraire, en émettant 10 000 actions nouvelles d'une valeur nominale de 150 €, au prix de 200 €.*

QCM

Patricia Gouttefarde, Emmanuelle Pèpe &
Fanny Ziegelmeyer

Connaissances associées

Synthèse des thèmes 1, 2 et 3

Une seule réponse possible pour chaque question.
Taux d'IS à retenir, le cas échéant, pour l'ensemble du questionnaire : 33,1/3%.
Taux d'actualisation à retenir, le cas échéant, pour l'ensemble du questionnaire : 10%.

1. Dans une opération de fusion, la valeur d'apport de la société absorbée est obligatoirement « la valeur réelle globale » si :
   - ☐ La fusion implique des sociétés sous contrôle commun et la fusion est à l'endroit.
   - ☐ La fusion implique des sociétés sous contrôle distinct et la fusion est à l'envers.
   - ☐ La fusion implique des sociétés sous contrôle distinct et la fusion est à l'endroit.
   - ☐ La fusion implique des sociétés sous contrôle commun et la fusion est à l'envers.

2. Une opération de fusion implique deux sociétés : l'absorbante A au capital de 4 000 actions (avant fusion) dont l'actionnaire principal, la SA ALAIN, détient 3 500 actions ; l'absorbée B au capital de 1 500 actions dont l'actionnaire principal, M. Benoît, détient 1 300 actions. La fusion se traduit par une augmentation de capital chez A de 6 000 actions (en rémunération de l'apport de B).
   - ☐ La fusion est à « l'endroit ».
   - ☐ La fusion est à « l'envers ».

3. La société absorbante A détient 60% des titres de la société absorbée B. L'actif net comptable de B s'élève à 2 300 k€. La valeur comptable des titres B détenus par A est égale à 1 800 k€. Cette opération de fusion dégage :
   - ☐ Un boni de 500 k€.
   - ☐ Un mali de 500 k€.
   - ☐ Un mali de 420 k€.
   - ☐ Un boni de 420 k€.

4. Un mali technique de fusion ne peut être constaté que s'il existe :
   - ☐ Une participation sur l'absorbée détenue par l'absorbante et une valeur d'apport à la valeur réelle.
   - ☐ Une participation sur l'absorbée détenue par l'absorbante et une valeur d'apport à la valeur comptable.
   - ☐ Une participation sur l'absorbante détenue par l'absorbée et une valeur d'apport à la valeur comptable.
   - ☐ Une participation sur l'absorbante détenue par l'absorbée et une valeur d'apport à la valeur réelle.

5. La société absorbante A détient 40% des titres de la société absorbée B. L'actif net comptable de la société B s'élève à 3 800 k€, les apports évalués à la valeur réelle s'élèvent à 5 800 k€. Le coût d'acquisition des titres B par A se chiffre à 2 500 k€. Les deux sociétés font partie d'un même groupe. Cette opération conduit à l'analyse d'un mali technique de :
   - ☐ 980 k€.
   - ☐ 800 k€.
   - ☐ 2 000 k€.
   - ☐ 180 k€.

6. Dans le cadre d'une opération de fusion absorption de B par A, les valeurs d'échange d'une action sont de 336 € pour B et 224 € pour A. Le capital de B est composé de 4 000 actions ; A détient 60% de ces actions. Les modalités de fusion sont :
   - ☐ 3 actions A contre 2 actions B avec 6 000 actions nouvelles A à créer.
   - ☐ 3 actions A contre 2 actions B avec 2 400 actions nouvelles A à créer.
   - ☐ 2 actions A contre 3 actions B avec 2 400 actions nouvelles A à créer.
   - ☐ 3 actions A contre 2 actions B avec 3 600 actions nouvelles A à créer.

7. Les fusions peuvent bénéficier de l'application d'un effet comptable rétroactif. Ceci signifie que les opérations réalisées par l'absorbée entre cette date d'effet comptable rétroactif et l'AGE validant la fusion sont considérées comme des opérations de l'entité après fusion. Cette date d'effet comptable rétroactif :
   - ☐ Peut être choisie sans contrainte par les entités qui fusionnent.
   - ☐ Ne peut être antérieure à la date de clôture du dernier exercice clos de l'absorbante.
   - ☐ Ne peut être antérieure à la date de clôture du dernier exercice clos de l'absorbée.
   - ☐ Ne peut être antérieure à la date du projet de fusion.

8. Le cadre conceptuel IFRS :
   - ☐ est défini par la norme IFRS 13.
   - ☐ n'est pas une norme.
   - ☐ a été adopté par l'Union européenne par le règlement n° 1255/2012.
   - ☐ contient des éléments qui peuvent supplanter les autres normes.

9. Un jeu complet d'états financiers IFRS comprend : un état de situation financière, un état du résultat net et des autres éléments du résultat global, un état de variation des capitaux propres, un tableau de flux de trésorerie, des notes.
   - ☐ Vrai
   - ☐ Faux

10. Selon le référentiel IFRS, les immobilisations corporelles, ultérieurement à leur enregistrement initial, doivent être évaluées :
    - ☐ au coût.
    - ☐ à la juste valeur.
    - ☐ au choix : au coût ou à la juste valeur.
    - ☐ au choix : au coût ou à la juste valeur, uniquement s'il existe un marché actif.

11. Une société acquiert une machine début N-1 pour un prix de 200 000 €. Elle pense l'utiliser pendant 5 ans. Elle aura alors la possibilité de la revendre au vendeur pour 10 000 €. En N, l'utilisation de cette machine a permis de réaliser un chiffre d'affaires de 50 000 €, la société estime que ce chiffre sera en croissance de 5% par an. La société réalise une marge de 60% sur ses ventes. Fin N, la valeur vénale de la machine est évaluée à 90 000 €. Le taux d'actualisation est de 4 %.
    Quel est le montant de la dépréciation à constater au 31/12/N ?
    - ☐ 34 000 €
    - ☐ 23 368 €
    - ☐ 16 632 €
    - ☐ 0 €

12. Selon IFRS 16, la distinction entre contrat de location simple et contrat de location-financement :
    - ☐ doit être faite chez le locataire et le bailleur.
    - ☐ doit être faite chez le locataire.
    - ☐ dépend de la substance de la transaction plutôt que de la forme du contrat.
    - ☐ dépend du montant de l'actif sous-jacent.

13. Selon le référentiel IFRS, les variations de la juste valeur d'un immeuble de placement :
- ☐ impactent le résultat et non les autres éléments du résultat global comme c'est le cas pour les autres immobilisations corporelles et incorporelles.
- ☐ impactent les autres éléments du résultat global et non le résultat comme c'est le cas pour les autres immobilisations corporelles et incorporelles.
- ☐ impactent le résultat de la même manière que les autres immobilisations corporelles et incorporelles.
- ☐ impactent les autres éléments du résultat global de la même manière que les autres immobilisations corporelles et incorporelles.

14. Selon IAS 37, les dépenses de grosse réparation :
- ☐ doivent faire l'objet d'une provision.
- ☐ ne peuvent pas faire l'objet d'une provision.

15. Selon IAS 19, les médailles du travail sont :
- ☐ un avantage à court terme.
- ☐ un avantage postérieur à l'emploi.
- ☐ un élément des autres avantages à long terme.
- ☐ une indemnité de cessation d'emploi.

16. Selon le référentiel IFRS, lors de sa comptabilisation initiale, un actif financier doit être évalué à sa juste valeur majorée des coûts de transaction directement attribuables à l'acquisition ou à l'émission de cet actif financier :
- ☐ dans tous les cas.
- ☐ sauf s'il s'agit d'un actif financier évalué au coût amorti.
- ☐ sauf s'il s'agit d'un actif financier évalué à la juste valeur par le biais des autres éléments du résultat global.
- ☐ sauf s'il s'agit d'un actif financier évalué à la juste valeur par le bais du résultat net.

17. L'entreprise A signe un contrat avec l'entreprise B, le 1er juillet N, pour 20 000 € HT. Ce contrat, résiliable, prévoit que l'entreprise A repeigne un bâtiment appartenant à B au cours du mois de septembre N. L'entreprise B doit verser à A les 20 000 € prévus en deux fois, la moitié au début du mois de septembre, l'autre moitié à la fin des travaux, à savoir le 30 septembre. À quelle(s) date(s) et pour quel montant doit être enregistré le produit chez A ?
- ☐ Le 1er juillet N, pour 20 000 €.
- ☐ Le 1er septembre N, pour 20 000 €.
- ☐ Le 30 septembre N, pour 20 000 €.
- ☐ Le 1er septembre N, pour 10 000 € et le 30 septembre N, pour 10 000 €.

18. La société mère M détient 5 000 actions F1 dont 3 000 actions ordinaires et 2 000 actions à droit de vote double. Le capital de la société F1 est constitué de 10 000 actions ordinaires, 4 000 actions à droit de vote double et 2 000 actions à dividende prioritaire sans droit de vote. Le pourcentage de contrôle de la mère sur F1 est de :
- ☐ 35%.
- ☐ 38,9%.
- ☐ 35,7%.
- ☐ 31,25%.

19. La société mère détient 6 000 actions ordinaires de la filiale F1. Elle est également en possession de l'usufruit lié à 2 000 actions démembrées et 1 000 ORA (1 action pour 2 obligations ; remboursement prévu à court terme). F1 a un capital de 10 000 actions ordinaires, dont 2 000 démembrées, et 6 000 ORA ont été émises. Quel est le pourcentage de contrôle de M dans F1 selon le CRC 99.02 ? Selon les normes IAS/IFRS ?

- ☐ 50% et 63,58%.
- ☐ 46,43% et 68,35%.
- ☐ 60% et 56,38%.
- ☐ 80% et 65,38%.

20. Soit l'organigramme suivant :

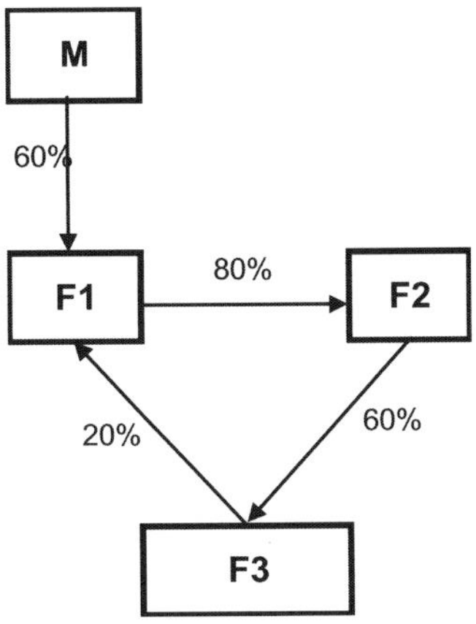

Les pourcentages d'intérêts de M dans chaque filiale sont :

- ☐ F1 : 60% ; F2 : 48% ; F3 : 28,8%.
- ☐ F1 : 60% ; F2 : 80% ; F3 : 60%.
- ☐ F1 : 66,37% ; F2 : 53,10% ; F3 : 31,86%.
- ☐ F1 : 40% ; F2 : 32% ; F3 : 19,2%.

21. Selon la norme IAS 16, une immobilisation corporelle acquise 100 000 € et payée 20 000 € comptant, 30 000 € à 1 an et 50 000 € à 2 ans figure à l'actif du bilan pour une valeur de :

- ☐ 100 000 €.
- ☐ 85 895 €.
- ☐ 88 595 €.
- ☐ 20 000 €.

22. Une société filiale fait l'acquisition d'un immeuble de placement (au sens de la norme IAS40) pour 800 000 € (net d'une remise de 20%). Les frais inhérents à l'opération s'élèvent à 92 500 €.
En application du référentiel international, ce bien est valorisé à l'actif pour un montant de :

- ☐ 800 000 €.
- ☐ 892 500 €.
- ☐ 1 000 000 €.
- ☐ 1 092 500 €.

23. La société M vend à sa filiale F1 des marchandises. Au 31/12/N, le stock de marchandises de F1 est de 90 000 € (dont 15% de marge au profit de M) ; au 01/01/N il était de 30 000 € (dont 15% de marge au profit de M).
Selon le règlement 99-02 du CRC, l'impact du retraitement du profit interne est :

- ☐ Réserves F1 : - 9 000 ; Résultat F1 : - 4 500.
- ☐ Réserves M : - 3 000 ; Résultat M : - 6 000 ; IDA : + 4 500.
- ☐ Réserves F1 : - 3 000 ; Résultat F1 : - 6 000 ; IDP : + 4 500.
- ☐ Résultat M : - 9 000 ; IDA : + 4 500.

24. La société F1, filiale de M, verse un dividende de 100 000 € en N au titre de l'exercice N-1. Le retraitement qu'il faut opérer à la clôture de l'exercice N est :

- ☐ Aucun.
- ☐ Virer 100 000 € du résultat M aux réserves M.
- ☐ Virer 100 000 € des réserves M au résultat M.
- ☐ Virer 100 000 € du résultat M au résultat F1.

25. Un écart d'acquisition négatif correspond, pour la part revenant à l'acquéreur :
- ☐ À la contrepartie des avantages que procure la prise de contrôle (synergies, avantages concurrentiels...).
- ☐ À une prévision de perte ou de rendements insuffisants et/ou à une acquisition réalisée à des conditions avantageuses.
- ☐ À des moins-values sur éléments d'actifs identifiables.
- ☐ À une acquisition effectuée à des conditions désavantageuses.

26. La société M fait l'acquisition de 60% de la société F1 pour 30 000 K€. À la date de prise de contrôle, les actifs et passifs identifiables sont évalués à 58 000 K€.
Selon IFRS 3, le groupe enregistre :
- ☐ Un goodwill (écart d'acquisition) négatif de 4 800 K€ en résultat par une augmentation de la valeur des titres de participation à l'actif.
- ☐ Un goodwill (écart d'acquisition) positif de 4 800 K€ en immobilisation incorporelle par une diminution de la valeur des titres de participation.
- ☐ Un goodwill (écart d'acquisition) négatif de 4 800 K€ en provision.
- ☐ Un goodwill (écart d'acquisition) négatif de 16 800 K€ en résultat par une augmentation de la valeur des titres de participation à l'actif.

27. Soit la situation de l'exercice N :
Nombre d'actions moyen en circulation : 10 000 actions.
Nombre d'obligations convertibles en actions : 3 000 obligations (2 actions pour une 1 obligation).
Résultat net pour N : 300 000 €.
Frais financiers sur les obligations : 90 000 €.

Le résultat de base et le résultat dilué par action à fin N sont :
- ☐ Résultat de base par action 30 € et résultat dilué par action 18,75 €.
- ☐ Résultat de base par action 30 € et résultat dilué par action 22,50 €.
- ☐ Résultat de base par action 22,50 € et résultat dilué par action 18,75 €.
- ☐ Résultat de base par action 30 € et résultat dilué par action 30 €.

OM RÉPARATIONS

Patricia Gouttefarde & Fanny Ziegelmeyer

Connaissances associées

Cadre général de l'audit • Les différents audits et leurs acteurs

Pour tous les cas d'audit (Thème 4 de cet ouvrage), le lecteur consultera avec profit le site de la Compagnie Nationale des commissaires aux comptes (CNCC) : ***www.cncc.fr*** *sur lequel il trouvera notamment :*
- *le code de déontologie de la profession de commissaire aux comptes ;*
- *les normes d'exercice professionnel (NEP) ;*
- *les parties législative et réglementaire du code de commerce relatives aux commissaires aux comptes.*

MISE EN SITUATION

Il y a deux ans, M. Ménal, ancien ingénieur, a déposé un brevet portant sur une nouvelle technologie d'inspection des canalisations. Afin d'exploiter ce brevet, il a créé la SARL OM RÉPARATIONS, qui propose des solutions de maintenance et de réparation d'ouvrages en métaux, comme les réseaux de canalisation et les conduites de gaz.

Les données de la société pour les deux premières années sont résumées dans le tableau ci-dessous :

	Exercice 1	Exercice 2
Capital social	10 000	20 000
Chiffre d'affaires hors taxes	40 400	204 600
Résultat net	- 4 300	2 500
Total bilan	16 520	65 800
Nombre de salariés	4	8

Le caractère novateur de la solution proposée par la SARL la place dans une perspective de devenir un des leaders de ce nouveau marché. Face à la forte demande du marché, M. Ménal envisage à moyen terme un développement de la société sur tout le territoire national, par acquisition de structures déjà existantes et par l'ouverture de nouveaux sites.

Afin d'avoir plus de visibilité sur le développement de son activité à plus court terme, M. Ménal a établi un prévisionnel pour les deux exercices à venir :

	Exercice 3	Exercice 4
Chiffre d'affaires hors taxes	3 200 000	6 000 000
Résultat net	500 000	950 000
Total bilan	2 200 000	3 200 000
Nombre de salariés	24	34

Pour financer le développement de l'entreprise, M. Ménal envisage d'une part d'ouvrir le capital de l'entreprise et, d'autre part, de recourir à des emprunts bancaires.

M. Ménal reste néanmoins inquiet d'une non-maîtrise du développement de son activité et des activités gérées par des structures distantes. De plus, les associés potentiels auxquels il s'est adressé ainsi que la banque de l'entreprise, intéressés par le projet, souhaitent au préalable obtenir des garanties quant à la fiabilité des informations financières fournies.

M. Ménal s'interroge alors sur la pertinence de recourir à un audit.

TRAVAIL À FAIRE

1. Afin d'éclairer M. Ménal, il vous est demandé dans un premier temps de fournir une définition du terme « audit » et de présenter les différents types d'audits qui peuvent être mis en œuvre en précisant leur objet et leur intérêt pour la SARL OM RÉPARATIONS. Vous présenterez également les acteurs qui peuvent mener ces audits ainsi que les organisations professionnelles et les règles et normes qui encadrent leurs travaux.
2. M. Ménal s'interroge sur le fait de faire désigner un commissaire aux comptes. Quel intérêt peut présenter une telle désignation ?
3. Convaincu de la nécessité de réaliser un audit financier, M. MENAL hésite entre recourir à un audit légal ou recourir à un audit contractuel. Pour l'éclairer, il vous est demandé de présenter et de comparer ces deux formes d'audit, en détaillant notamment les points suivants :
   - source de la mission ;
   - objectifs ;
   - durée de la mission ;
   - indépendance, incompatibilités ;
   - démarches et outils.

Le développement à venir de la société OM RÉPARATIONS génère des besoins importants dans les domaines administratifs, financiers et de gestion pour lesquels M. Ménal envisage de recourir à un intervenant extérieur.

4. Un commissaire aux comptes ou un expert-comptable sont-ils susceptibles de répondre à la demande du gérant de la société ?

PALIN

Patricia Gouttefarde & Fanny Ziegelmeyer

Connaissances associées

Normes d'audit • Audit légal de la petite entreprise

MISE EN SITUATION

Après avoir débuté sa carrière dans le domaine du marketing, Mme Palin a décidé, il y a 5 ans, de se reconvertir en ouvrant une boulangerie, dont le concept repose sur la fabrication et la vente d'une large gamme de pains, élaborés selon des procédés traditionnels, à partir d'ingrédients de qualité et de farines biologiques.

Face au succès de son nouveau concept, Mme Palin a, depuis, ouvert deux autres boulangeries et envisage d'ouvrir un restaurant, associé à une quatrième boulangerie, et qui utiliserait les produits et le savoir-faire de cette dernière. Afin de financer la croissance de son entreprise et pour faciliter la recherche de financement, Mme Palin contacte M. Bonet, expert-comptable et commissaire aux comptes.

Constituée sous forme de SAS, la société de Mme Palin ne dépasse pas encore les seuils de nomination d'un commissaire aux comptes. Néanmoins, anticipant ce franchissement et dans la perspective du développement de l'activité, M. Bonet expose à Mme Palin l'intérêt d'un recours à un audit légal. Pour cela, il met en avant la qualité d'une telle intervention, garantie par le respect de normes d'exercice professionnel exigeantes.

Intriguée par ce point, Mme Palin aimerait savoir ce que sont ces normes et quelle est leur utilité. M. Bonet propose alors de lui faire parvenir une documentation générale sur ces questions.

TRAVAIL À FAIRE

1. M. Bonet vous charge, en tant que collaborateur de son cabinet, de rédiger une note dans laquelle il vous demande :
   - de définir de façon générale le terme de « norme » puis d'expliquer à quoi correspondent les normes professionnelles ;
   - d'en montrer l'utilité pour l'audit ;
   - de présenter l'évolution de ces normes au niveau international puis d'identifier les organisations, nationales et internationales, chargées de l'élaboration de ces normes ;
   - d'indiquer le cadre normatif qui s'applique aux commissaires aux comptes en France, en distinguant les normes professionnelles des autres dispositions ;
   - d'indiquer le processus d'élaboration des normes d'audit légal en France.

Ce travail vous ayant vivement intéressé(e), vous décidez d'approfondir le sujet afin de mieux appréhender la place de ces normes dans la mission d'audit légal du commissaire aux comptes.

TRAVAIL À FAIRE

2. Pour compléter vos recherches, vous décidez :
   - de présenter de façon schématique les différentes étapes de la mission d'audit légal en précisant, à chaque étape, le numéro des NEP qui sont mises en œuvre par le CAC ;
   - de compléter cette présentation par un tableau faisant apparaître l'intitulé des NEP en question et leur contenu résumé en deux ou trois phrases.

Désormais convaincue de l'intérêt de nommer un commissaire aux comptes, Mme Palin s'inquiète toutefois de la lourdeur des travaux d'audit par rapport à la taille et aux moyens financiers de son entreprise.

TRAVAIL À FAIRE

3. Afin de rassurer Mme Palin, vous préparez une synthèse rappelant les seuils en-deçà desquels une entreprise est considérée comme petite et les conséquences pour la mission du commissaire aux comptes.

Enfin, Mme Palin s'interroge également sur les autres interventions pour lesquelles elle pourrait faire appel au commissaire aux comptes. En effet, ayant entendu parler de la suppression des normes pour les diligences directement liées à la mission d'audit légal (DDL) suite à la réforme européenne de l'audit, elle se demande dans quelle mesure il existe encore pour ces autres interventions un cadre garantissant leur qualité.

TRAVAIL À FAIRE

4. Afin de répondre aux interrogations de Mme Palin :
   - vous préparez une synthèse rappelant les évolutions récentes concernant les autres interventions du commissaire aux comptes et présentant le cadre qui s'y applique désormais ;
   - vous complétez cette synthèse par un tableau faisant apparaître les nouvelles références qui remplacent les anciennes normes encadrant les DDL.

SOLEOLE

Patricia Gouttefarde & Fanny Ziegelmeyer

Connaissances associées

Les missions du commissaire aux comptes

MISE EN SITUATION

La SA SOLEOLE, très innovante, développe depuis 10 ans ses activités dans le domaine des énergies renouvelables. Elle conçoit, pour des industriels, différents biens et services et en produit également certains elle-même. Elle connaît, depuis sa création, une forte croissance qui devrait se poursuivre à moyen terme. Déjà bien placée sur le marché national, elle se développe depuis peu à l'international. Elle emploie actuellement 48 personnes.
M. Philip est commissaire aux comptes de la société pour la quatrième année ; son mandat prendra fin dans deux ans à l'issue de l'assemblée générale statuant sur les comptes de l'année précédente. M. Philip est amené à exercer différentes missions en plus de sa mission annuelle d'audit.

Mme Matis (ingénieur de formation) est directrice générale de la société depuis peu. Elle doit rencontrer prochainement M. Philip. Pour préparer cette entrevue, elle s'est documentée sur l'audit légal et se pose un certain nombre de questions. Elle se demande notamment si la société SOLEOLE est une « EIP ».

TRAVAIL À FAIRE

Pour répondre aux interrogations de Mme Matis :

1. Préciser quelles sont les entités qui sont considérées comme des entités d'intérêt public (EIP) et les conséquences générales d'un tel statut. La société SOLEOLE est-elle une EIP ?
2. Mme Matis vous demande si le mandat de M. Philip pourra être renouvelé dans deux ans et selon quelle procédure.
3. Pour chacune des quatre situations ci-après, préciser :
   - le cadre de l'intervention (légal ou conventionnel) ;
   - la nature de l'intervention ;
   - la nature des travaux mis en œuvre ;
   - la forme de l'expression de l'assurance du commissaire aux comptes.
4. Après avoir rappelé la formule permettant de déterminer le respect du plafonnement des honoraires des SACC, préciser lesquelles de ces interventions auraient dû être prises en compte pour la vérification du non-dépassement de ce plafond si la société SOLEOLE avait été une EIP. Ce plafond aurait-il été respecté par M. Philip, durant la quatrième année de son mandat ?
5. Rappeler quels sont les documents dans lesquels la société doit faire figurer les honoraires versés au(x) commissaire(s) aux comptes.

Première situation
Au cours de l'exercice N, la société SOLEOLE a réalisé un chiffre d'affaires hors taxes de 8 600 000 €. Elle a participé à des actions de mécénat auprès de différentes associations de défense de l'environnement pour un montant total de 15 000 €.
Honoraires facturés : 100 €.

Deuxième situation
Pour financer un investissement important, la société SOLEOLE envisage d'effectuer un emprunt bancaire. Les banquiers sollicités demandent à la société des comptes prévisionnels pour l'exercice à venir et souhaitent que ces comptes soient examinés par le commissaire aux comptes de la société.
Les responsables de la SA SOLEOLE ont établi ces comptes prévisionnels (compte de résultat prévisionnel, plan de financement, bilan prévisionnel et notes annexes) en se fondant sur une étude de marché effectuée par un organisme indépendant. Ces prévisions traduisent la stratégie décidée par le conseil d'administration. Les notes annexes précisent les hypothèses ainsi que les principes d'établissement et de présentation retenus.
Honoraires facturés : 550 €.

Troisième situation
Les banquiers de la société SOLEOLE, après examen des comptes prévisionnels et lecture du rapport de M. Philip, ont donné un accord de principe pour l'emprunt demandé. Cependant, en raison de l'importance de son montant, ils souhaitent que la société leur fournisse des comptes intermédiaires établis au 30 septembre et examinés par le commissaire aux comptes. En conséquence, Mme Matis sollicite M. Philip pour cet examen en lui demandant cependant, pour des raisons d'urgence, de ne pas mettre en œuvre les diligences requises pour un audit.
Honoraires facturés : 1 350 €.

Quatrième situation
La société SOLEOLE, dont le capital s'élève actuellement à 500 000 €, souhaite renforcer ses capitaux propres. Le total de son bilan s'élève à 4 600 000 €.
Son principal fournisseur, la société VOLTA, très intéressé par le potentiel d'évolution de la société, accepterait d'entrer dans le capital. La société SOLEOLE lui propose de convertir en actions sa créance qui s'élève actuellement à 150 000 € environ.
Dans cette perspective, le conseil d'administration convoque une assemblée générale extraordinaire au cours de laquelle il sera proposé la suppression du droit préférentiel de souscription attaché aux actions actuelles.
L'augmentation de capital se réalisera sans délégation au conseil d'administration.
Honoraires facturés : 630 €.

Total des honoraires sur les quatre années du mandat de M. Philip

	Année 1	Année 2	Année 3	Année 4
Honoraires facturés à la SA SOLEOLE (en euros)	7 450	8 367	8 230	10 480
Dont honoraires de certification des comptes (en euros)	7 050	7 405	7 692	7 850

Annexe 1 : Le contenu des missions

(Source : site de la Compagnie Régionale des Commissaires aux Comptes de Paris)

Les commissaires aux comptes sont investis d'une mission générale qui comporte une mission d'audit conduisant à la certification et des missions de vérifications spécifiques.
Par ailleurs, en leur qualité de commissaires aux comptes de l'entreprise, ils effectuent des interventions connexes à leur mission générale, consécutives à des opérations particulières ou à des événements nécessitant leur intervention.

Mission générale : audit et certification (cf. art. L 823-9 du code de commerce)
Ce contrôle légal s'exerce sur les comptes annuels et sur les comptes consolidés. Dans leur rapport, ils expriment par leur certification, qu'ayant effectué leur mission ils ont acquis **l'assurance raisonnable que les comptes annuels ne comportent pas d'anomalies significatives.**

Mission générale : vérifications spécifiques
Les commissaires aux comptes vérifient la sincérité et la concordance avec les comptes annuels :
- des informations données dans le rapport de gestion ;
- des documents adressés aux actionnaires sur la situation financière et les comptes annuels.

Ils vérifient la sincérité et la concordance avec les comptes consolidés des informations données dans le rapport sur la gestion du groupe.
Les commissaires aux comptes s'assurent du respect de l'égalité entre les actionnaires. Ils contrôlent le respect des dispositions relatives aux actions ou parts sociales détenues par les administrateurs. Ils examinent les conventions intervenues entre la société et l'un de ses administrateurs ou entre deux sociétés ayant un administrateur commun en vue de présenter un rapport spécial à l'assemblée générale.
Les commissaires aux comptes examinent et formulent s'il y a lieu leurs observations sur les documents d'information financière prévisionnelle et les rapports explicatifs les accompagnant, que certaines sociétés et personnes morales sont tenues d'établir semestriellement ou annuellement.

Interventions spécifiques connexes
Les commissaires aux comptes sont appelés à intervenir ponctuellement et à établir un rapport spécial lorsque certains événements ou situations précisées par la loi se produisent et notamment dans les cas suivants :

- Augmentation du capital en cas de compensation avec des créances sur la société et en cas de suppression du droit préférentiel de souscription ;
- Émissions d'obligations convertibles en actions ou échangeables contre des actions ;
- Ouverture d'options de souscription ou d'achat d'actions au bénéfice des membres du personnel ;
- Réduction du capital ;
- Transformation de la société ;
- Regroupement volontaire des actions non cotées ;
- Paiement du dividende en actions ;
- Certification du bilan en vue de la distribution d'acomptes sur les dividendes.

Missions particulières
Les commissaires aux comptes sont souvent chargés de missions particulières, notamment en tant que commissaires aux apports et commissaires à la fusion.

Annexe 2 : Article L 822-11 du Code de commerce

I.- Il est interdit au commissaire aux comptes d'accepter une mission de certification auprès d'une entité d'intérêt public, lorsqu'au cours de l'exercice précédant celui dont les comptes doivent être certifiés, ce dernier ou tout membre du réseau auquel il appartient a fourni, directement ou indirectement, à l'entité d'intérêt public, ou aux personnes ou entités qui la contrôlent ou qui sont contrôlées par elle dans l'Union européenne, au sens des I et II de l'article L. 233-3, les services mentionnés au e du paragraphe 1 de l'article 5 du règlement (UE) n° 537/2014 du 16 avril 2014.

II.- Il est interdit au commissaire aux comptes et aux membres du réseau auquel il appartient de fournir directement ou indirectement à l'entité d'intérêt public dont il certifie les comptes, et aux personnes ou entités qui la contrôlent ou qui sont contrôlées par elle au sens des I et II de l'article L. 233-3 et dont le siège social est situé dans l'Union européenne, les services mentionnés au paragraphe 1 de l'article 5 du règlement (UE) n° 537/2014 du 16 avril 2014.
Par dérogation au premier alinéa du présent II, lorsqu'un membre du réseau auquel il appartient et qui est établi dans un Etat membre fournit à une personne ou entité qui contrôle ou qui est contrôlée par l'entité d'intérêt public, au sens des I et II de l'article L. 233-3, et dont le siège social est situé dans l'Union européenne des services mentionnés aux i et iv à vii du a et au f du 1 du même article 5 dans un Etat membre qui les autorise, le commissaire aux comptes analyse les risques pesant sur son indépendance et applique les mesures de sauvegarde appropriées.

III.- Il est interdit au commissaire aux comptes d'accepter ou de poursuivre une mission de certification auprès d'une personne ou d'une entité qui n'est pas une entité d'intérêt public lorsqu'il existe un risque d'autorévision ou que son indépendance est compromise et que des mesures de sauvegarde appropriées ne peuvent être mises en œuvre.
Il est interdit aux membres du réseau auquel appartient le commissaire aux comptes de fournir directement ou indirectement ces mêmes services à la personne ou à l'entité dont les comptes sont certifiés. Il est également interdit à ces membres de fournir aux personnes ou entités qui contrôlent celle-ci ou qui sont contrôlées par elle au sens des I et II de l'article L. 233-3 les services portant atteinte à l'indépendance du commissaire aux comptes qui sont définis par le code de déontologie.

Annexe 3 : Article L 823-18 du Code de commerce

[...]

II.- Lorsque le commissaire aux comptes fournit à une entité d'intérêt public dont il est chargé de certifier les comptes, ou à la personne qui la contrôle ou qui est contrôlée par elle au sens des I et II de l'article L. 233-3, des services autres que la certification des comptes, le total des honoraires facturés pour ces autres services se limite à 70% de la moyenne des honoraires facturés au cours des trois derniers exercices pour le contrôle légal des comptes et des états financiers consolidés de l'entité d'intérêt public et, le cas échéant, de la personne qui la contrôle ou qui est contrôlée par elle.
Les services autres que la certification des comptes qui sont requis par la législation de l'Union ou par une disposition législative ou règlementaire sont exclus de ce calcul.

[...]

ACAL AUDIT ET CONSEIL

Patricia Gouttefarde & Fanny Ziegelmeyer

Connaissances associées

Déontologie et responsabilités du commissaire aux comptes •
Exercice en réseau

MISE EN SITUATION

ACAL AUDIT ET CONSEIL a été créé, sous forme de société, il y a 30 ans à Strasbourg par 4 experts-comptables et commissaires aux comptes, dont MM. Peter et Roos toujours associés à l'heure actuelle.
Outre son site historique, ACAL AUDIT ET CONSEIL compte actuellement 18 bureaux dans tout le grand Est de la France et emploie au total 352 collaborateurs.
L'activité du groupe est également répartie entre, d'une part, l'expertise comptable et le conseil s'adressant à des entreprises de toutes tailles et activités et, d'autre part, l'audit légal et contractuel.
Sur chacun des sites concernés, le département « Audit » est indépendant et supervisé par au moins un commissaire aux comptes diplômé. Des réunions de formation interne au groupe sont régulièrement organisées sur le site de Strasbourg. Début 2016, M. Peter, commissaire aux comptes et associé fondateur d'ACAL a accepté d'être le « référent » en matière de contrôle « EIP ».

Du fait de son implantation proche de plusieurs frontières, ACAL AUDIT ET CONSEIL a une importante ouverture sur l'international et est amené à auditer des comptes sociaux et consolidés de sociétés appartenant à des groupes français et internationaux.

ACAL AUDIT ET CONSEIL s'est associé récemment à RMA, un réseau international d'audit, d'expertise et de conseil qui est présent dans plus de 100 pays.
En **Annexe 1**, figurent les informations relatives à la situation de certaines missions d'audit et aux commissaires aux comptes signataires.
Dans un premier temps, le cabinet s'interroge sur la poursuite ou le renouvellement de certains de ses mandats.

TRAVAIL À FAIRE

*Après avoir étudié les textes figurant en **Annexes 2** et **3** :*

Dans le cadre du nouveau mandat obtenu auprès de la société ALLBIO :

1. Rappeler les conditions dans lesquelles ACAL AUDIT ET CONSEIL a été nommé ainsi que le rôle joué par le comité d'audit dans ce processus.
2. Pour quelle durée maximale et sous quelles conditions le cabinet ACAL AUDIT ET CONSEIL pourra-t-il exercer ce mandat au sein de la société ALLBIO ?

Dans le cadre du mandat auprès de la Société des Brasseurs de l'Est :

3. M. Peter peut-il exercer un second mandat auprès la SBE ?

Dans le cadre du mandat auprès de la société DeltaTeam :

4. Le cabinet peut-il accéder à la demande des dirigeants de la société, concernant la réalisation de prestations complémentaires ? Si oui, pour quelles prestations et sous quelles conditions ?
5. Pour les prestations qui ne peuvent être réalisées par ACAL AUDIT ET CONSEIL, la société DeltaTeam peut-elle faire appel à un autre cabinet du réseau RMA ?

Le cabinet ACAL AUDIT ET CONSEIL est commissaire aux comptes de la SA EHRET depuis maintenant 5 ans et rencontre des difficultés dans l'exercice de son mandat.
Dans le cadre de son plan de mission, Mme Hart, commissaire aux comptes en charge du dossier, a planifié des interventions selon le calendrier suivant :

Octobre – décembre N -1	→ Vérification du fonctionnement du contrôle interne
Janvier N	→ Confirmation directe des tiers
Mars N	→ Assistance à l'inventaire physique
Avril – mai N	→ Audit des comptes de l'exercice ; vérifications spécifiques

Les dirigeants de la société EHRET estiment que les interventions de Mme Hart sont trop étalées dans le temps et lui demandent d'intervenir entre le 30 avril N et le 30 septembre N exclusivement.

Par ailleurs, dans le cadre de ses contrôles, Mme Hart envisage d'effectuer des investigations complémentaires auprès de la société EHRET DISTRI, filiale de SA EHRET et qui effectue de nombreuses opérations commerciales et financières avec SA EHRET. Les dirigeants lui assurent que des procédures strictes et de nombreux contrôles garantissent la fiabilité de ces opérations et de leur comptabilisation.

TRAVAIL À FAIRE

6. Face à cette demande de réduire sa période d'intervention, quelle est la position du commissaire aux comptes ?

7. Mme Hart peut-elle opérer des investigations auprès de la filiale de la SA EHRET ?

8. Mme Hart peut-elle alléger ses investigations auprès de la filiale de la SA EHRET en s'appuyant sur les affirmations des dirigeants ?

Agacés par sa « curiosité », les dirigeants refusent à plusieurs reprises de communiquer certains documents à Mme Hart. Le directeur général de la SA EHRET, appréciant peu les investigations de Mme Hart, lui reproche d'ailleurs d'exercer une profession protégée, alors que lui « prend tous les risques ». Il estime également qu'elle privilégie les contrôles aux dépens de son devoir de conseil.

9. Quelle est l'attitude du commissaire aux comptes dans cette situation ?

10. Le reproche adressé à Mme Hart concernant sa prise de risque vous semble-t-il fondé ? Justifier en citant les responsabilités du commissaire aux comptes et, pour chacune d'entre elles, son étendue.

11. Mme Hart a-t-elle un devoir de conseil vis-à-vis de la SA EHRET ?

N'obtenant pas gain de cause et jugeant excessifs les honoraires de Mme Hart, les dirigeants de la SA EHRET décident d'inscrire à l'ordre du jour de la prochaine assemblée générale la révocation du commissaire aux comptes, afin de nommer à sa place le commissaire aux comptes suppléant.

TRAVAIL À FAIRE

12. Que pensez-vous de la démarche des dirigeants de la SA EHRET ?
Quel est, de façon générale, le rôle du commissaire aux comptes suppléant ?

Par ailleurs, lors d'une réunion de formation interne au cabinet, différents « cas d'école » relatifs à des questions de déontologie sont soumis aux présents.

TRAVAIL À FAIRE

13. Cas de Mme Emel : celle-ci peut-elle continuer de dispenser ses cours à l'Université si elle est nommée en tant que commissaire aux comptes par la prochaine AG de la société FLORA ? Votre réponse aurait-elle été différente si Mme Emel avait un mandat d'expertise-comptable auprès de la société FLORA ?

14. Cas de M. Roos : quel problème la prise de poste de DAF de la société Corti Design par Mme Roos pose-t-elle ? Quelles en sont les conséquences pour M. Roos et pour le cabinet ACAL AUDIT ET CONSEIL ?

15. Cas de M. Peter : celui-ci est saisi directement par une actionnaire minoritaire de la société GUERIN en vue d'obtenir des informations sur la situation financière de la société. M. Peter est-il tenu au secret professionnel à l'égard de cette actionnaire ? À l'égard de l'assemblée générale ?

Afin d'accélérer le développement de son activité, le cabinet ACAL AUDIT ET CONSEIL envisage de réaliser une campagne de publicité, en diffusant sur les radios locales un spot énumérant les missions proposées. L'agence de communication à laquelle a fait appel le cabinet propose le slogan suivant en fin de spot : « ACAL AUDIT ET CONSEIL, des experts qui n'en ont pas que le nom ! ».

TRAVAIL À FAIRE

16. Le cabinet peut-il réaliser cette campagne publicitaire ?

Annexe 1 : Informations relatives à certains dossiers d'audit fin N

DOSSIER Société ou groupe concerné	Type de comptes audités – référentiel comptable	Titulaire du mandat	Date de désignation	Commentaires
Société ALLBIO – société cotée sur Euronext dont la capitalisation boursière est supérieure à 100 millions d'euros	Comptes sociaux et consolidés IFRS	ACAL AUDIT ET CONSEIL	Exercice N	Première nomination d'ACAL AUDIT ET CONSEIL comme CAC, l'ancien CAC étant arrivé au terme de la période maximale d'exercice de ses fonctions au sein de la société.
SA des Brasseurs de l'Est (SBE) – société cotée sur Euronext	Comptes sociaux et consolidés IFRS	M. Peter à titre personnel	Début du mandat en N-5	La SBE aimerait procéder au renouvellement du mandat de M. Peter.
Sté DeltaTeam – EIP	Comptes sociaux	ACAL AUDIT ET CONSEIL	Exercice N	Nouveau mandat. Les dirigeants de la société DeltaTeam souhaiteraient que le cabinet effectue des prestations complémentaires en plus de sa mission d'audit : - mise en place des procédures de contrôle interne relatives aux stocks ; - examen de comptes intermédiaires demandés par la banque dans le cadre d'un nouvel emprunt ; - participation au recrutement d'un nouveau DAF pour la filiale GammaTeam dont ACAL AUDIT ET CONSEIL n'est pas CAC.
SA EHRET – non EIP	Comptes sociaux	Mme Hart à titre personnel	N-3	Clôture des comptes au 31 mars de chaque année.
SA FLORA – non EIP	Comptes sociaux	ACAL AUDIT ET CONSEIL	N-5	Mme Emel, nouvellement diplômée, vient d'être inscrite sur la liste des commissaires aux comptes. Depuis plusieurs années, elle appartient au département « Audit » du bureau de Strasbourg et supervise plusieurs dossiers dont celui de la société FLORA. Par ailleurs, elle dispense des cours d'audit à l'Université de Strasbourg.
Corti Design SA – non EIP	Comptes sociaux	M. Roos à titre personnel	Exercice N-4	Mme Roos (épouse du CAC) vient de prendre le poste de DAF de la société Corti Design.
GUERIN SA – non EIP	Comptes sociaux	M. Peter à titre personnel	N- 3	M. Peter est CAC de la société GUERIN depuis plusieurs mandats. La situation financière de la société se dégrade de manière importante depuis l'exercice précédent.

Annexe 2 : Extraits du Code de commerce – Partie Législative – Livre VIII

Article L822-11

Modifié par LOI n°2019-486 du 22 mai 2019 - art. 21

I.- Il est interdit au commissaire aux comptes d'accepter une mission de certification auprès d'une entité d'intérêt public, lorsqu'au cours de l'exercice précédant celui dont les comptes doivent être certifiés, ce dernier ou tout membre du réseau auquel il appartient a fourni, directement ou indirectement, à l'entité d'intérêt public, ou aux personnes ou entités qui la contrôlent ou qui sont contrôlées par elle dans l'Union européenne, au sens des I et II de l'article L. 233-3, les services mentionnés au e du paragraphe 1 de l'article 5 du règlement (UE) n° 537/2014 du 16 avril 2014.

II.- Il est interdit au commissaire aux comptes et aux membres du réseau auquel il appartient de fournir directement ou indirectement à l'entité d'intérêt public dont il certifie les comptes, et aux personnes ou entités qui la contrôlent ou qui sont contrôlées par elle au sens des I et II de l'article L. 233-3 et dont le siège social est situé dans l'Union européenne, les services mentionnés au paragraphe 1 de l'article 5 du règlement (UE) n° 537/2014 du 16 avril 2014.

Par dérogation au premier alinéa du présent II, lorsqu'un membre du réseau auquel il appartient et qui est établi dans un État membre fournit à une personne ou entité qui contrôle ou qui est contrôlée par l'entité d'intérêt public, au sens des I et II de l'article L. 233-3, et dont le siège social est situé dans l'Union européenne des services mentionnés aux i et iv à vii du a et au f du 1 du même article 5 dans un État membre qui les autorise, le commissaire aux comptes analyse les risques pesant sur son indépendance et applique les mesures de sauvegarde appropriées.

III.- Il est interdit au commissaire aux comptes d'accepter ou de poursuivre une mission de certification auprès d'une personne ou d'une entité qui n'est pas une entité d'intérêt public lorsqu'il existe un risque d'autorévision ou que son indépendance est compromise et que des mesures de sauvegarde appropriées ne peuvent être mises en œuvre.

Il est interdit aux membres du réseau auquel appartient le commissaire aux comptes de fournir directement ou indirectement ces mêmes services à la personne ou à l'entité dont les comptes sont certifiés. Il est également interdit à ces membres de fournir aux personnes ou entités qui contrôlent celle-ci ou qui sont contrôlées par elle au sens des I et II de l'article L. 233-3 les services portant atteinte à l'indépendance du commissaire aux comptes qui sont définis par le code de déontologie.

Article L822-11-2

Créé par Ordonnance n°2016-315 du 17 mars 2016 - art. 25

Les services autres que la certification des comptes qui ne sont pas mentionnés au II de l'article L. 822-11 et au I de l'article L. 822-11-1 peuvent être fournis par le commissaire aux comptes ou les membres du réseau auquel il appartient à l'entité d'intérêt public dont il certifie les comptes, ou aux personnes ou entités qui la contrôlent ou qui sont contrôlées par elle au sens des I et II de l'article L. 233-3, à condition d'être approuvés par le comité spécialisé mentionné à l'article L. 823-19. Ce comité se prononce après avoir analysé les risques pesant sur l'indépendance du commissaire aux comptes et les mesures de sauvegarde appliquées par celui-ci.

Article L822-11-3

Créé par Ordonnance n°2016-315 du 17 mars 2016 - art. 25

I.- Le commissaire aux comptes ne peut prendre, recevoir ou conserver, directement ou indirectement, un intérêt auprès de la personne ou de l'entité dont il est chargé de certifier les comptes, ou auprès d'une personne qui la contrôle ou qui est contrôlée par elle, au sens des I et II de l'article L. 233-3.

Sans préjudice des dispositions contenues dans le présent livre ou dans le livre II, le code de déontologie prévu à l'article L. 822-16 définit les liens personnels, financiers et professionnels, concomitants ou antérieurs à la mission du commissaire aux comptes, incompatibles avec l'exercice de celle-ci. Il précise en particulier les situations dans lesquelles l'indépendance du commissaire aux comptes est affectée, lorsqu'il appartient à un réseau pluridisciplinaire, national ou international, dont les membres ont un intérêt économique commun, par la fourniture de prestations de services à une personne ou à une entité contrôlée ou qui contrôle, au sens des I et II de l'article L. 233-3, la personne ou l'entité dont les comptes sont certifiés par ledit commissaire aux comptes. Le code de déontologie précise également les restrictions à apporter à la détention d'intérêts financiers par les personnes mentionnées au II dans les sociétés dont les comptes sont certifiés par lui.

II.- Les associés et les salariés du commissaire aux comptes qui participent à la mission de certification, toute autre personne participant à la mission de certification ainsi que les personnes qui leur sont étroitement liées ou qui sont étroitement liées au commissaire aux comptes au sens de l'article 3, paragraphe 26, du règlement (UE) n° 596/2014 du 16 avril 2014, ne peuvent détenir d'intérêt substantiel et direct dans la personne ou l'entité dont les comptes sont certifiés, ni réaliser de transaction portant sur un instrument financier émis, garanti ou autrement soutenu par cette personne ou entité, sauf s'il s'agit d'intérêts détenus par l'intermédiaire d'organismes de placement collectif diversifiés, y compris de fonds gérés tels que des fonds de pension ou des assurances sur la vie.

Article L822-14

Modifié par Ordonnance n°2016-315 du 17 mars 2016 - art. 27

I. - Le commissaire aux comptes, personne physique, et, dans les sociétés de commissaires aux comptes, les personnes mentionnées au premier alinéa de l'article L. 822-9 ne peuvent certifier durant plus de six exercices consécutifs, dans la limite de sept années, les comptes des entités d'intérêt public, des personnes et entités mentionnées à l'article L. 612-1 et des associations mentionnées à l'article L. 612-4 dès lors qu'elles font appel public à la générosité au sens de l'article 3 de la loi n° 91-772 du 7 août 1991. Ils peuvent à nouveau participer à une mission de contrôle légal des comptes de ces personnes ou entités à l'expiration d'un délai de trois ans à compter de la date de clôture du sixième exercice qu'ils ont certifié.

II. - Les dispositions du I sont applicables à la certification des comptes des filiales importantes d'une entité d'intérêt public lorsque l'entité d'intérêt public et sa filiale ont désigné le même commissaire aux comptes.

Article L823-3-1

Modifié par LOI n°2016-1691 du 9 décembre 2016 - art. 140 (V)

I. - Lorsqu'une entité d'intérêt public désigne un commissaire aux comptes unique, celui-ci ne peut procéder à la certification des comptes de l'entité d'intérêt public pendant une période supérieure à dix ans.

Toutefois, au terme de cette période, il peut être nommé pour un nouveau mandat d'une durée de six exercices, à la condition que soient respectées les conditions définies aux paragraphes 2 à 5 de l'article 16 du règlement (UE) n° 537/2014 du 16 avril 2014.

II. - La durée du mandat prévue au premier alinéa du I peut être prolongée jusqu'à une durée maximale de vingt-quatre ans lorsque, au terme de cette période, l'entité d'intérêt public, de manière volontaire ou en application d'une obligation légale, recourt à plusieurs commissaires aux comptes, dans les conditions prévues au b du 4 de l'article 17 du règlement (UE) n° 537/2014, dès lors qu'ils présentent un rapport conjoint sur la certification des comptes.

III. - À l'issue des mandats mentionnés aux I et II, le Haut conseil du commissariat aux comptes peut, à titre exceptionnel et si les conditions définies au paragraphe 6 de l'article 17 du règlement (UE) n° 537/2014 sont remplies, autoriser l'entité d'intérêt public qui en fait la demande à prolonger le mandat du commissaire aux comptes pour une durée supplémentaire qui ne peut excéder deux années.

IV. - Le commissaire aux comptes ou, le cas échéant, un membre de son réseau au sein de l'Union européenne ne peut accepter de mandat auprès de l'entité d'intérêt public dont il a certifié les comptes avant l'expiration d'une période de quatre ans suivant la fin de son mandat.

V. - Pour l'application du présent article la durée de la mission est calculée conformément aux prescriptions de l'article 17 du règlement (UE) n° 537/2014 précité. Le Haut conseil peut être saisi par tout commissaire aux comptes d'une question relative à la détermination de la date de départ du mandat initial.

Article L823-18

Modifié par Ordonnance n°2016-315 du 17 mars 2016 - art. 41
Modifié par Ordonnance n°2016-315 du 17 mars 2016 - art. 45

I. - Les honoraires du commissaire aux comptes sont supportés par la personne ou l'entité dont il est chargé de certifier les comptes.

Ces honoraires sont fixés selon des modalités déterminées par décret en Conseil d'État.

II. - Lorsque le commissaire aux comptes fournit à une entité d'intérêt public dont il est chargé de certifier les comptes, ou à la personne qui la contrôle ou qui est contrôlée par elle au sens des I et II de l'article L. 233-3, des services autres que la certification des comptes, le total des honoraires facturés pour ces autres services se limite à 70% de la moyenne des honoraires facturés au cours des trois derniers exercices pour le contrôle légal des comptes et des états financiers consolidés de l'entité d'intérêt public et, le cas échéant, de la personne qui la contrôle ou qui est contrôlée par elle.

Les services autres que la certification des comptes qui sont requis par la législation de l'Union ou par une disposition législative ou réglementaire sont exclus de ce calcul.

Le commissaire aux comptes respecte en outre les dispositions du paragraphe 3 de l'article 4 du règlement (UE) n° 537/2014 du 16 avril 2014.

III. - Le Haut conseil peut, à la demande du commissaire aux comptes, autoriser ce dernier, à titre exceptionnel, à dépasser le plafond prévu au II pendant une période n'excédant pas deux exercices.

Annexe 3 : Extraits du règlement (UE) n°537/2014 relatif aux exigences spécifiques applicables au contrôle légal des entités d'intérêt public

Article 5

Interdiction de fournir des services autres que d'audit

1. Le contrôleur légal des comptes ou le cabinet d'audit procédant au contrôle légal des comptes d'une entité d'intérêt public, ou tout membre du réseau dont fait partie le contrôleur légal des comptes ou le cabinet d'audit, ne fournissent pas, directement ou non, à l'entité contrôlée, à son entreprise mère ou aux entreprises qu'elle contrôle dans l'Union des services autres que d'audit interdits :

a) au cours de la période s'écoulant entre le commencement de la période contrôlée et la publication du rapport d'audit ; et

b) au cours de l'exercice précédant immédiatement la période visée au point a) en ce qui concerne les services énumérés au deuxième alinéa, point g).

Aux fins du présent article, les services autres que d'audit interdits sont :

a) les services fiscaux portant sur :
  i) l'établissement des déclarations fiscales ;
  ii) l'impôt sur les salaires ;
  iii) les droits de douane ;
  iv) l'identification des subventions publiques et des incitations fiscales, à moins qu'une assistance de la part du contrôleur légal des comptes ou du cabinet d'audit pour la fourniture de ces services ne soit requise par la loi ;
  v) l'assistance lors de contrôles fiscaux menés par les autorités fiscales, à moins qu'une assistance de la part du contrôleur légal des comptes ou du cabinet d'audit lors de ces contrôles ne soit requise par la loi ;
  vi) le calcul de l'impôt direct et indirect ainsi que de l'impôt différé ;
  vii) la fourniture de conseils fiscaux ;

b) des services qui supposent d'être associé à la gestion ou à la prise de décision de l'entité contrôlée ;

c) la comptabilité et la préparation de registres comptables et d'états financiers ;

d) les services de paie ;

e) la conception et la mise en œuvre de procédures de contrôle interne ou de gestion des risques en rapport avec la préparation et/ou le contrôle de l'information financière ou la conception et la mise en œuvre de systèmes techniques relatifs à l'information financière ;

f) les services d'évaluation, notamment les évaluations réalisées en rapport avec les services actuariels ou les services d'aide en cas de litige ;

g) les services juridiques ayant trait à :
  i) la fourniture de conseils généraux ;
  ii) la négociation au nom de l'entité contrôlée ; et
  iii) l'exercice d'un rôle de défenseur dans le cadre de la résolution d'un litige ;

h) les services liés à la fonction d'audit interne de l'entité contrôlée ;

i) les services liés au financement, à la structure, ainsi qu'à l'allocation des capitaux et à la stratégie d'investissement de l'entité contrôlée, sauf en ce qui concerne la fourniture de services d'assurance en rapport avec les états financiers, telle que l'émission de lettres de confort en lien avec des prospectus émis par l'entité contrôlée ;

j) la promotion, le commerce ou la souscription de parts de l'entité contrôlée ;

k) les services de ressources humaines ayant trait :
  i) aux membres de la direction en mesure d'exercer une influence significative sur l'élaboration des documents comptables ou des états financiers faisant l'objet du contrôle légal des comptes, dès lors que ces services englobent :
    o la recherche ou la sélection de candidats à ces fonctions, ou
    o la vérification des références des candidats à ces fonctions ;
  ii) à la structuration du modèle organisationnel ; et
  iii) au contrôle des coûts.

2. Les États membres peuvent interdire des services autres que ceux énumérés au paragraphe 1 lorsqu'ils considèrent que lesdits services présentent un risque en matière d'indépendance. Ils communiquent à la Commission tout ajout à la liste figurant au paragraphe 1.

3. Par dérogation au paragraphe 1, deuxième alinéa, les États membres peuvent autoriser la fourniture des services visés aux points a) i), a) iv) à a) vii) et au point f), à condition que les exigences suivantes soient respectées :

a) ils n'ont pas d'effet direct ou ont un effet peu significatif, séparément ou dans leur ensemble, sur les états financiers contrôlés ;

b) l'appréciation de l'effet sur les états financiers contrôlés est documenté et expliqué de manière

complète dans le rapport complémentaire destiné au comité d'audit, visé à l'article 11 ; et
c) les principes d'indépendance prévus dans la directive 2006/43/CE sont respectés par le contrôleur légal des comptes ou le cabinet d'audit.

4. Un contrôleur légal des comptes ou un cabinet d'audit procédant aux contrôles légaux des comptes d'entités d'intérêt public et, lorsque le contrôleur légal des comptes ou le cabinet d'audit fait partie d'un réseau, tout membre de ce réseau, peuvent fournir à l'entité contrôlée, à son entreprise mère ou aux entreprises qu'elle contrôle des services autres que d'audit différents des services autres que d'audit interdits visés aux paragraphes 1 et 2 sous réserve que le comité d'audit donne son approbation après avoir analysé correctement les risques en matière d'indépendance et les mesures de sauvegarde appliquées conformément à l'article 22 ter de la directive 2006/43/CE. Le comité d'audit émet des lignes directrices, le cas échéant, en ce qui concerne les services visés au paragraphe 3.
Les États membres peuvent établir des règles plus strictes fixant les conditions dans lesquelles un contrôleur légal des comptes, un cabinet d'audit ou un membre d'un réseau dont fait partie le contrôleur légal des comptes ou le cabinet d'audit peut fournir à l'entité contrôlée, à son entreprise mère ou aux entreprises qu'elle contrôle des services autres que d'audit différents des services autres que d'audit interdits visés au paragraphe 1.

5. Lorsqu'un membre d'un réseau auquel appartient le contrôleur légal des comptes ou le cabinet d'audit procédant au contrôle légal des comptes d'une entité d'intérêt public fournit l'un des services autres que d'audit, visés aux paragraphes 1 et 2, à une entreprise enregistrée dans un pays tiers et soumise au contrôle de l'entité d'intérêt public contrôlée, le contrôleur légal des comptes ou le cabinet d'audit concerné apprécie si son indépendance serait compromise par cette prestation de services du membre du réseau.
Si son indépendance est compromise, le contrôleur légal des comptes ou le cabinet d'audit prend, le cas échéant, des mesures de sauvegarde afin d'atténuer les risques causés par cette prestation de services dans un pays tiers. Le contrôleur légal des comptes ou le cabinet d'audit ne peut continuer d'effectuer le contrôle légal des comptes de l'entité d'intérêt public que s'il peut justifier, conformément à l'article 6 du présent règlement et à l'article 22 ter de la directive 2006/43/CE, que cette prestation de services n'influe pas sur son jugement professionnel ni sur le rapport d'audit.
Aux fins du présent paragraphe :
a) le fait d'être associé au processus décisionnel de l'entité contrôlée et de fournir les services visés au paragraphe 1, deuxième alinéa, points b), c) et e), est toujours considéré comme une atteinte à cette indépendance qui ne peut être atténuée par des mesures de sauvegarde ;
b) il est considéré que la prestation des services visés au paragraphe 1, deuxième alinéa, à l'exclusion des points b), c) et e), porte atteinte à cette indépendance et requiert dès lors des mesures visant à atténuer les risques causés par cette prestation de services.

Article 16

Désignation de contrôleurs légaux des comptes ou de cabinets d'audit

1. Aux fins de l'application de l'article 37, paragraphe 1, de la directive 2006/43/CE, les conditions prévues aux paragraphes 2 à 5 du présent article s'appliquent pour la désignation de contrôleurs légaux des comptes ou de cabinets d'audit par des entités d'intérêt public, mais peuvent être soumises au paragraphe 7.
Lorsque l'article 37, paragraphe 2, de la directive 2006/43/CE s'applique, l'entité d'intérêt public informe l'autorité compétente de l'utilisation d'autres systèmes ou modalités visés dans ledit article. Dans ce cas, les paragraphes 2 à 5 du présent article ne s'appliquent pas.

2. Le comité d'audit soumet une recommandation à l'organe d'administration ou de surveillance de l'entité contrôlée pour la désignation de contrôleurs légaux des comptes ou cabinets d'audit.
À moins que cette recommandation ne concerne le renouvellement d'une mission d'audit conformément à l'article 17, paragraphes 1 et 2, elle est justifiée et comporte au moins deux choix possibles pour la mission d'audit et indique, parmi ces possibilités, la préférence dûment motivée du comité d'audit pour l'une d'entre elles.
Dans sa recommandation, le comité d'audit déclare que celle-ci n'a pas été influencée par un tiers et qu'aucune clause du type de celle visée au paragraphe 6 ne lui a été imposée.

3. À moins qu'il ne s'agisse du renouvellement d'une mission d'audit conformément à l'article 17, paragraphes 1 et 2, la recommandation du comité d'audit visée au paragraphe 2 du présent article est élaborée à l'issue d'une procédure de sélection organisée par l'entité contrôlée dans le respect des critères suivants :
a) l'entité contrôlée est libre d'inviter tout contrôleur légal des comptes ou cabinet d'audit à faire une offre pour la fourniture du service de contrôle légal des comptes, à condition que l'article 17, paragraphe 3, soit respecté et que l'organisation de la procédure d'appel d'offres n'exclue d'aucune façon la participation au processus de sélection d'entreprises qui ont reçu moins de 15% du total des honoraires d'audit acquittés par les entités d'intérêt public dans l'État membre concerné au cours de

l'année civile précédente ;
b) l'entité contrôlée prépare le dossier d'appel d'offres à l'intention des contrôleurs légaux des comptes ou cabinets d'audit invités à soumissionner. Ce dossier leur permet de comprendre l'activité de l'entité contrôlée et le type de contrôle légal des comptes à effectuer. Il indique les critères de sélection transparents et non discriminatoires qui sont utilisés par l'entité contrôlée pour évaluer les offres soumises par les contrôleurs légaux des comptes ou cabinets d'audit ;
c) l'entité contrôlée est libre de déterminer la procédure de sélection et peut négocier directement avec les soumissionnaires intéressés au cours de la procédure ;
d) lorsque, conformément au droit de l'Union ou au droit national, les autorités compétentes visées à l'article 20 exigent que les contrôleurs légaux des comptes et les cabinets d'audit respectent certaines normes de qualité, ces normes figurent dans le dossier d'appel d'offres ;
e) l'entité contrôlée évalue les offres soumises par les contrôleurs légaux des comptes ou cabinets d'audit conformément aux critères de sélection définis préalablement dans le dossier d'appel d'offres. L'entité contrôlée prépare un rapport sur les conclusions de la procédure de sélection, qui est validé par le comité d'audit. L'entité contrôlée et le comité d'audit prennent en considération les constatations ou conclusions de tout rapport d'inspection concernant le contrôleur légal des comptes ou cabinet d'audit candidat, visées à l'article 26, paragraphe 8, et publiées par l'autorité compétente en vertu de l'article 28, point d) ;
f) l'entité contrôlée est en mesure de démontrer, sur demande, à l'autorité compétente visée à l'article 20 que la procédure de sélection a été organisée de manière équitable.
Le comité d'audit est chargé de la procédure de sélection visée au premier alinéa.
Aux fins du point a) du premier alinéa, l'autorité compétente visée à l'article 20, paragraphe 1, publie une liste des contrôleurs légaux des comptes et cabinets d'audit concernés qui est mise à jour chaque année. L'autorité compétente utilise les informations fournies par les contrôleurs légaux des comptes et cabinets d'audit en vertu de l'article 14 pour effectuer les calculs nécessaires.

4. Les entités d'intérêt public qui satisfont aux critères énoncés à l'article 2, paragraphe 1, points f) et t), de la directive 2003/71/CE du Parlement européen et du Conseil (27) ne sont pas tenues de suivre la procédure de sélection visée au paragraphe 3.

5. La proposition adressée à l'assemblée générale des actionnaires ou aux membres de l'entité contrôlée pour la désignation de contrôleurs légaux des comptes ou de cabinets d'audit contient la recommandation et la préférence visées au paragraphe 2 qui ont été formulées par le comité d'audit ou l'organe remplissant des fonctions équivalentes.
Si la proposition diffère de la préférence du comité d'audit, elle expose les raisons pour lesquelles il n'y a pas lieu de suivre la recommandation de ce dernier. Néanmoins, le ou les contrôleurs légaux des comptes ou cabinets d'audit recommandés par l'organe d'administration ou de surveillance doivent avoir participé à la procédure de sélection décrite au paragraphe 3. Le présent alinéa ne s'applique pas lorsque les fonctions du comité d'audit sont exercées par l'organe d'administration ou de surveillance.

6. Toute clause d'un contrat conclu entre une entité d'intérêt public et un tiers, qui a pour effet de restreindre le choix de l'assemblée générale des actionnaires ou des membres de cette entité, visée à l'article 37 de la directive 2006/43/CE, à certaines catégories ou listes de contrôleurs légaux des comptes ou cabinets d'audit, en ce qui concerne la désignation d'un contrôleur légal des comptes ou d'un cabinet d'audit en particulier pour effectuer le contrôle légal des comptes de cette entité, est nulle et non avenue.
L'entité d'intérêt public informe directement et sans retard les autorités compétentes visées à l'article 20 de toute tentative d'un tiers visant à imposer une telle clause contractuelle ou à influencer indûment, de toute autre manière, la décision de l'assemblée générale des actionnaires ou des membres, lors de la sélection d'un contrôleur légal des comptes ou d'un cabinet d'audit.

7. Les États membres peuvent imposer aux entités d'intérêt public la désignation d'un nombre minimal de contrôleurs légaux des comptes ou de cabinets d'audit dans certaines circonstances, et définir les conditions qui s'appliquent aux relations entre les contrôleurs légaux des comptes ou les cabinets d'audit désignés.
Si un État membre impose une telle obligation, il en informe la Commission et l'autorité européenne de surveillance compétente.

8. Lorsque l'entité contrôlée dispose d'un comité de nomination au sein duquel les actionnaires ou membres ont une influence considérable et qui a pour tâche de formuler des recommandations sur la sélection des contrôleurs légaux des comptes, l'État membre peut autoriser ce comité de nomination à exercer les fonctions du comité d'audit prévues au présent article et exiger qu'il soumette à l'assemblée générale des actionnaires ou aux membres la recommandation visée au paragraphe 2.

VIRGILE

Patricia Gouttefarde & Fanny Ziegelmeyer

Connaissances associées

Commissariat aux apports • Commissariat à la fusion • Incompatibilités

MISE EN SITUATION

La SA VIRGILE se constitue avec un capital de 200 000 € divisé en 2 000 actions de 100 €.
Six associés se proposent d'effectuer des apports en numéraire pour 42 000 €.
M. Virgile fait apport des éléments actifs et passifs de l'entreprise qu'il exploite depuis 1985 sous le nom commercial de « Librairie, papeterie VIRGILE ». Le bilan résumé de cette entreprise, établi au 31 mars N, se présente comme suit :

BILAN AU 31/03/N en euros

	Valeurs nettes		
Immobilisations corporelles	22 900	Capital individuel	40 000
Stocks	71 100	Compte de l'exploitant	-9 220
Créances	1 525	Résultat de l'exercice	27 480
Disponibilités	12 215	Dettes	49 480
TOTAL	**107 740**	**TOTAL**	**107 740**

Les futurs associés ont convenu d'évaluer à 110 000 € les éléments incorporels du fonds de commerce. Les autres éléments seront apportés pour leur valeur nette comptable, à l'exception du stock à déprécier de 10 260 €.

TRAVAIL À FAIRE

1. Comment sera désigné le commissaire aux apports ?
   Comment le serait-il si la société VIRGILE était une SARL ?

   Madame Colette a été désignée en qualité de commissaire aux apports.
2. En vous référant à l'**Annexe 1**, précisez quelle sera la mission du commissaire aux apports.
3. Quel est l'objectif final de la mission de Mme Colette ?
   Quelles diligences mettra-t-elle concrètement en œuvre ?

   Suite à ses investigations, Mme Colette conclut dans son rapport à une surévaluation de l'apport de M. Virgile.
4. Quelles sont les conséquences de cette divergence d'appréciation ?

Trois ans après sa constitution, la SA VIRGILE procède à une augmentation de capital de 150 000 € par apport d'un immeuble. Le président du conseil d'administration, M. Virgile, entend proposer au président du tribunal de commerce la désignation, en qualité de commissaire aux apports, de M. Daudet, actuel commissaire aux comptes de la SA VIRGILE.

TRAVAIL À FAIRE

5. Que pensez-vous de cette proposition ?

En N+6, la SA VIRGILE, après avoir au préalable étendu son activité à l'édition de livres d'art, envisage une opération de fusion par absorption de la SA GALLUS, une imprimerie qui est son principal fournisseur. Un commissaire à la fusion devant être désigné, la SA VIRGILE propose son commissaire aux comptes, M. Daudet, pour exercer cette mission. La SA GALLUS souhaiterait, quant à elle, la voir confier à M. Hugo, son commissaire aux comptes.

TRAVAIL À FAIRE

6. Quelle solution proposez-vous dans ce cas ?
7. En vous référant à l'**Annexe 1**, précisez quelle sera la mission du (des) commissaire(s) à la fusion.
8. En vous appuyant sur l'ensemble des documents figurant en Annexe, complétez les deux rapports joints en **Annexes 3** et **4**.
9. Si la SA VIRGILE avait détenu la totalité des actions de la SA GALLUS, la mission des commissaires à la fusion aurait-elle été différente ?

Annexe 1 : Extraits du code de commerce

(Partie Législative)

SARL

Article L223-9

Modifié par LOI n°2016-1691 du 9 décembre 2016 - art. 130

Les statuts doivent contenir l'évaluation de chaque apport en nature. Il y est procédé au vu d'un rapport annexé aux statuts et établi sous sa responsabilité par un commissaire aux apports désigné à l'unanimité des futurs associés ou à défaut par une décision de justice à la demande du futur associé le plus diligent.
Toutefois, les futurs associés peuvent décider à l'unanimité que le recours à un commissaire aux apports ne sera pas obligatoire, lorsque la valeur d'aucun apport en nature n'excède un montant fixé par décret et si la valeur totale de l'ensemble des apports en nature non soumis à l'évaluation d'un commissaire aux apports n'excède pas la moitié du capital.
Lorsque la société est constituée par une seule personne, le commissaire aux apports est désigné par l'associé unique. Toutefois le recours à un commissaire aux apports n'est pas obligatoire si les conditions prévues à l'alinéa précédent sont réunies ou si l'associé unique, personne physique, exerçant son activité professionnelle en nom propre avant la constitution de la société, y compris sous le régime prévu aux articles L. 526-6 à L. 526-21, apporte des éléments qui figuraient dans le bilan de son dernier exercice.
Lorsqu'il n'y a pas eu de commissaire aux apports ou lorsque la valeur retenue est différente de celle proposée par le commissaire aux apports, les associés sont solidairement responsables pendant cinq ans, à l'égard des tiers, de la valeur attribuée aux apports en nature lors de la constitution de la société.

SA

Article L225-8

Modifié par LOI n°2016-1691 du 9 décembre 2016 - art. 142

En cas d'apports en nature comme au cas de stipulation d'avantages particuliers au profit de personnes associées ou non, un ou plusieurs commissaires aux apports sont désignés à l'unanimité des fondateurs ou, à défaut, par décision de justice, à la demande des fondateurs ou de l'un d'entre eux. Ils sont soumis aux incompatibilités prévues à l'article L. 822-11-3, sans préjudice de la possibilité d'être désignés pour accomplir les missions prévues aux articles L. 225-101, L. 225-131, L. 225-147, L. 228-15 et L. 228-39.
Les commissaires apprécient, sous leur responsabilité, la valeur des apports en nature et les avantages particuliers. Le rapport déposé au greffe, avec le projet de statuts, est tenu à la disposition des souscripteurs, dans les conditions déterminées par décret en Conseil d'État.
L'assemblée générale constitutive statue sur l'évaluation des apports en nature et l'octroi d'avantages particuliers. Elle ne peut les réduire qu'à l'unanimité de tous les souscripteurs.
À défaut d'approbation expresse des apporteurs et des bénéficiaires d'avantages particuliers, mentionnée au procès-verbal, la société n'est pas constituée.

Article L225-147

Modifié par LOI n°2016-1691 du 9 décembre 2016 - art. 142

En cas d'apports en nature ou de stipulation d'avantages particuliers, un ou plusieurs commissaires aux apports sont désignés à l'unanimité des actionnaires ou, à défaut, par décision de justice. Ils sont soumis

aux incompatibilités prévues à l'article L. 822-11-3, sans préjudice de la possibilité d'être désignés pour accomplir les missions prévues aux articles L. 225-8, L. 225-101, L. 225-131, L. 228-15 et L. 228-39.
Ces commissaires apprécient, sous leur responsabilité, la valeur des apports en nature et les avantages particuliers. Un décret en Conseil d'État fixe les mentions principales de leur rapport, le délai dans lequel il doit être remis et les conditions dans lesquelles il est mis à la disposition des actionnaires. Les dispositions de l'article L. 225-10 sont applicables à l'assemblée générale extraordinaire.
Si l'assemblée approuve l'évaluation des apports et l'octroi d'avantages particuliers, elle constate la réalisation de l'augmentation du capital.
Si l'assemblée réduit l'évaluation des apports ainsi que la rémunération d'avantages particuliers, l'approbation expresse des modifications par les apporteurs, les bénéficiaires ou leurs mandataires dûment autorisés à cet effet, est requise. À défaut, l'augmentation du capital n'est pas réalisée.
Les titres de capital émis en rémunération d'un apport en nature sont intégralement libérés dès leur émission.
L'assemblée générale extraordinaire d'une société dont les titres sont admis aux négociations sur un marché réglementé peut déléguer, pour une durée maximale de vingt-six mois, au conseil d'administration ou au directoire les pouvoirs nécessaires à l'effet de procéder à une augmentation de capital, dans la limite de 10% de son capital social, en vue de rémunérer des apports en nature consentis à la société et constitués de titres de capital ou de valeurs mobilières donnant accès au capital, lorsque les dispositions de l'article L. 225-148 ne sont pas applicables. Le conseil d'administration ou le directoire statue conformément au troisième ou quatrième alinéa ci-dessus, sur le rapport du ou des commissaires aux apports mentionnés aux premier et deuxième alinéa ci-dessus.

Article L236-10

Modifié par LOI n°2019-486 du 22 mai 2019 - art. 102

I.- Sauf si les actionnaires des sociétés participant à l'opération de fusion en décident autrement dans les conditions prévues au II du présent article, un ou plusieurs commissaires à la fusion, désignés par décision de justice et soumis à l'égard des sociétés participantes aux incompatibilités prévues à l'article L. 822-11-3, établissent sous leur responsabilité un rapport écrit sur les modalités de la fusion.
Les commissaires à la fusion vérifient que les valeurs relatives attribuées aux actions des sociétés participant à l'opération sont pertinentes et que le rapport d'échange est équitable. Ils peuvent obtenir à cette fin, auprès de chaque société, communication de tous documents utiles et procéder à toutes vérifications nécessaires.
Le ou les rapports des commissaires à la fusion sont mis à la disposition des actionnaires. Ils indiquent :
1° La ou les méthodes suivies pour la détermination du rapport d'échange proposé ;
2° Le caractère adéquat de cette ou ces méthodes en l'espèce ainsi que les valeurs auxquelles chacune de ces méthodes conduit, un avis étant donné sur l'importance relative donnée à ces méthodes dans la détermination de la valeur retenue ;
3° Les difficultés particulières d'évaluation s'il en existe.
II.- La décision de ne pas faire désigner un commissaire à la fusion est prise, à l'unanimité, par les actionnaires de toutes les sociétés participant à l'opération. À cette fin, les actionnaires sont consultés avant que ne commence à courir le délai exigé pour la remise de ce rapport préalablement à l'assemblée générale appelée à se prononcer sur le projet de fusion ou, le cas échéant, à la décision du conseil d'administration ou du directoire, selon le cas, de la société absorbante.
III.- Lorsque l'opération de fusion comporte des apports en nature ou des avantages particuliers, le commissaire à la fusion ou, s'il n'en a pas été désigné en application du II, un commissaire aux apports désigné dans les conditions prévues à l'article L. 225-8 établit le rapport prévu à l'article L. 225-147.

Article L236-11

Modifié par LOI n°2011-525 du 17 mai 2011 - art. 64 (V)

Lorsque, depuis le dépôt au greffe du tribunal de commerce du projet de fusion et jusqu'à la réalisation de l'opération, la société absorbante détient en permanence la totalité des actions représentant la totalité du capital des sociétés absorbées, il n'y a lieu ni à approbation de la fusion par l'assemblée générale extraordinaire des sociétés participant à l'opération ni à l'établissement des rapports mentionnés au quatrième alinéa de l'article L. 236-9, et à l'article L. 236-10.
Toutefois, un ou plusieurs actionnaires de la société absorbante réunissant au moins 5% du capital social peut demander en justice la désignation d'un mandataire aux fins de convoquer l'assemblée générale extraordinaire de la société absorbante pour qu'elle se prononce sur l'approbation de la fusion.

(Partie Réglementaire)

Article R225-7

Modifié par Ordonnance n°2016-315 du 17 mars 2016 - art. 46 (VD)

Les commissaires aux apports sont choisis parmi les commissaires aux comptes inscrits sur la liste prévue au I de l'article L. 822-1 ou parmi les experts inscrits sur une des listes établies par les cours et tribunaux.

Ils sont désignés, le cas échéant, par le président du tribunal de commerce, statuant sur requête.
Ils peuvent se faire assister, dans l'accomplissement de leur mission, par un ou plusieurs experts de leur choix. Les honoraires de ces experts sont à la charge de la société.

Article R225-8

Le rapport des commissaires aux apports décrit chacun des apports, indique quel mode d'évaluation a été adopté et pourquoi il a été retenu et affirme que la valeur des apports correspond au moins à la valeur nominale des actions à émettre, augmentée éventuellement de la prime d'émission.

Article R225-14

Le rapport des commissaires aux apports est tenu, à l'adresse prévue du siège social, à la disposition des futurs actionnaires, qui peuvent en prendre copie, trois jours au moins avant la date de la signature des statuts.

Article R236-7

Les commissaires aux apports vérifient notamment que le montant de l'actif net apporté par les sociétés absorbées est au moins égal au montant de l'augmentation du capital de la société absorbante ou au montant du capital de la société nouvelle issue de la fusion.
La même vérification est faite en ce qui concerne le capital des sociétés bénéficiaires de la scission.

Annexe 2 : Informations relatives aux sociétés concernées par la fusion

Société absorbante : SA VIRGILE au capital de 350 000 € (3 500 actions de 100 €).
La valeur unitaire de l'action est estimée à 180 €.
La société VIRGILE possède 25% du capital de la société GALLUS.

Société absorbée : SA GALLUS au capital de 120 000 € (1 200 actions de 100 €).
La valeur unitaire de l'action est estimée à 120 €.

Résumé des apports de la société GALLUS :

- Biens immobiliers apportés	130 000 €
- Biens mobiliers apportés	48 000 €
- Passifs pris en charge	34 000 €

Annexe 3 : Extrait du rapport du commissaire à la fusion sur la valeur des apports

Mesdames, Messieurs les actionnaires de la société ....

En exécution de la mission qui nous a été confiée par ordonnance de Monsieur le Président du Tribunal de Commerce de XXX en date du XXX concernant la fusion par voie d'absorption de la société GALLUS par la société VIRGILE, nous avons établi le présent rapport prévu par l'article .... du Code de commerce.
L'actif net apporté a été arrêté dans le projet de traité de fusion signé par les représentants des sociétés concernées en date du XXX.
Il nous appartient d'exprimer une conclusion sur le fait que .... et d'apprécier les avantages particuliers stipulés. À cet effet, nous avons effectué les diligences que nous avons estimées nécessaires au regard de la doctrine professionnelle de la Compagnie nationale des commissaires aux comptes relatives à cette mission. Cette doctrine requiert la mise en œuvre de diligences destinées, d'une part, à apprécier la ...., à s'assurer que celle-ci n'est pas .... et à vérifier qu'elle correspond au moins à ....des actions à émettre par la société absorbante augmentée de la prime d'émission, d'autre part, à apprécier les avantages particuliers stipulés.

1. Présentation de l'opération et description des apports

1.1. Exposé sur l'opération projetée

Sociétés concernées
La société VIRGILE est une société anonyme au capital de 350 000 € composé de 3 500 actions de 100 € entièrement libérées. Son objet social porte essentiellement sur l'édition d'ouvrages d'art.
La société GALLUS est une société anonyme au capital de 120 000 € composé de 1 200 actions de 100 € entièrement libérées. Son objet social est l'imprimerie de livres.

But de l'opération
Les deux sociétés ayant des activités complémentaires, leur regroupement a pour objectif de permettre une meilleure utilisation des moyens techniques et commerciaux et une réduction des frais généraux.

Bases de la fusion
Pour établir les conditions de l'apport et de sa rémunération, il a été décidé de retenir les comptes annuels de chacune des sociétés, arrêtés au 31 décembre N.

Propriété, jouissance et conditions
Votre société aura la propriété et la jouissance des biens et droits apportés à compter du 1er janvier N+1. Toutefois, les apports ne seront définitifs qu'après approbation de l'opération par votre assemblée générale extraordinaire. Toutes les opérations effectuées du 1er janvier N+1 jusqu'à la date de réalisation définitive de la fusion seront réputées faites pour le compte de la société absorbante.

1.2. Description et évaluation des apports

Aux termes de la convention de fusion signée par les organes de direction des deux sociétés, l'actif apporté et le passif pris en charge s'établissent ainsi :
- Biens immobiliers apportés .... €
- Biens mobiliers apportés .... €
- Actif apporté .... €
- Passifs pris en charge .... €
- Actif net apporté .... €

Le détail des apports figure en annexe de ce rapport.

Les biens apportés et les passifs pris en charge ont été repris à leur valeur nette comptable à l'exception des immobilisations corporelles et financières.

Les immobilisations corporelles ont été retenues à leur valeur vénale sur la base d'un rapport d'expertise effectué par un cabinet spécialisé au cours du premier trimestre N+1.

Par convention entre les parties, il n'a pas été attribué de valeur au fonds commercial.

2. Diligences et appréciation de la valeur des apports

Nous avons effectué les diligences que nous avons estimées nécessaires selon la doctrine de la Compagnie nationale des commissaires aux comptes pour :
- vérifier la .... des actifs apportés et l' ....des passifs pris en charge ;
- analyser les valeurs individuelles proposées dans le traité d'apport ;
- examiner le résultat des activités apportées pendant la période de .... ;
- vérifier, jusqu'à la date du rapport, l'absence de faits ou d'événements susceptibles de remettre en cause la .... des apports ;
- effectuer une approche directe de la valeur des apports considérés dans leur ensemble.

MISSIONS
3. Conclusion
En conclusion de nos travaux, nous sommes d'avis que la valeur des apports s'élevant à .... €, n'est pas .... et, en conséquence, que l'actif net apporté est au moins égal au .... de la société absorbante, majorée de la prime d'émission.
Les avantages particuliers stipulés n'appellent pas d'observation de notre part.

Fait à .... le ....

Le commissaire aux apports

Annexe 4 : Extrait du rapport du commissaire à la fusion sur la rémunération des apports

Mesdames, Messieurs les actionnaires des sociétés VIRGILE et GALLUS

En exécution de la mission qui nous a été confiée par ordonnance de Monsieur le Président du Tribunal de Commerce de XXX en date du XXX concernant la fusion par voie d'absorption de la société GALLUS par la société VIRGILE nous avons établi le présent rapport sur la .... des apports prévu par l'article L. ... . du Code de commerce, étant précisé que notre appréciation sur la .... des apports fait l'objet d'un rapport distinct.
La rémunération des apports résulte du rapport d'échange qui a été arrêté dans le projet de traité de fusion signé par les représentants des sociétés concernées en date du XXX.
Il nous appartient d'exprimer un avis sur le caractère .... du rapport d'échange.
À cet effet, nous avons effectué les diligences que nous avons estimées nécessaires au regard de la doctrine professionnelle de la Compagnie nationale des commissaires aux comptes relative à cette mission.
Cette doctrine requiert la mise en oeuvre de diligences destinées, d'une part, à vérifier que les valeurs relatives attribuées aux actions des sociétés participant à l'opération sont .... et, d'autre part, à analyser le positionnement du .... par rapport aux valeurs relatives jugées pertinentes.

1. Présentation de l'opération

Sociétés concernées
La société VIRGILE est une société anonyme au capital de 350 000 € composé de 3 500 actions de 100 € entièrement libérées. Son objet social porte essentiellement sur l'édition d'ouvrages d'art.
La société GALLUS est une société anonyme au capital de 120 000 € composé de 1 200 actions de 100 € entièrement libérées. Son objet social est l'imprimerie de livres.

But de l'opération
La société VIRGILE détient 25% de la société GALLUS qui est son principal fournisseur. La fusion s'inscrit dans une politique de restructuration dont l'objectif est l'optimisation des moyens techniques et la compression des frais généraux.

Bases de la fusion
Pour établir les conditions de la fusion, il a été décidé de retenir les comptes annuels de chacune des sociétés arrêtés au 31 décembre N, approuvés par leurs assemblées générales ordinaires.

Propriété, jouissance et conditions
Les biens et droits apportés seront pris dans l'état où ils se trouvent et la société VIRGILE devra exécuter les traités consentis et contrats intervenus entre la société GALLUS et les tiers jusqu'à la date de la réalisation définitive de la fusion. Elle sera tenue de prendre les lieu et place de la société GALLUS vis-à-vis de tout le personnel en activité.

À défaut de la réalisation définitive de l'opération de fusion avant le 31 décembre N+1, la convention de fusion sera considérée comme nulle et non avenue.

2. Vérification de la .... des valeurs relatives attribuées aux actions des sociétés participant à l'opération

La détermination du rapport d'échange résulte d'une évaluation des deux sociétés en retenant les mêmes critères :

- capitalisation du résultat moyen des trois derniers exercices, hors éléments exceptionnels,
- valeur comptable réévaluée selon les critères retenus pour la réévaluation légale.

La moyenne des valeurs ainsi obtenues fait ressortir une valeur de .... € par action de la société VIRGILE et .... € par action de la société GALLUS, soit un rapport de ....

D'autres critères d'évaluation sont développés dans la convention de fusion. Les valeurs qui en résultent conduisent à une parité sensiblement identique.

La fusion donnera lieu à une augmentation de capital déterminée de la manière suivante :

Nombre d'actions de GALLUS ....
Participation de VIRGILE (25%) ....
Nombre d'actions donnant lieu à rémunération ....
Conformément au rapport d'échange déterminé ci-dessus, le nombre d'actions à créer est de : ....
La prime de fusion est déterminée de la façon suivante :
Augmentation de capital : (...... x .... €) = ... €
Prime de fusion : (...... x .... €) = ... €

Nous avons effectué les diligences que nous avons estimées nécessaires selon la doctrine de la Compagnie nationale des commissaires aux comptes pour :

- examiner les critères et méthodes présentés dans le traité de fusion afin de s'assurer de leur caractère adéquat en l'espèce ;
- examiner l'application de ces critères et méthodes pour la détermination des valeurs relatives présentées dans le traité de fusion.

3. Appréciation du caractère .... du rapport d'échange proposé

En contrepartie de l'apport évalué à .... € il sera attribué ...... actions de la société VIRGILE pour ...... actions de la société GALLUS.

Compte tenu de sa participation dans le capital de GALLUS, la société VIRGILE procèdera à la création de .... actions de 100 €, soit une augmentation de capital de .... €. En outre, elle constatera une prime de fusion d'un montant de .... €.

Nous avons effectué les diligences que nous avons estimées nécessaires selon la doctrine de la Compagnie nationale des commissaires aux comptes pour :

- analyser le positionnement du rapport d'échange par rapport aux valeurs relatives jugées pertinentes ;
- mesurer l'incidence du rapport d'échange sur la situation future des différentes catégories d'actionnaires.

4. Conclusion favorable

En conclusion de nos travaux, nous sommes d'avis que le rapport d'échange de ...... actions VIRGILE pour ...... actions GALLUS est ....

Fait à .... Le ....

Le commissaire à la fusion

GRAFFER

Patricia Gouttefarde & Fanny Ziegelmeyer

Connaissances associées
Démarche générale du commissaire aux comptes

MISE EN SITUATION

Créée il y a plus d'un siècle, la société anonyme GRAFFER a pour activité la production d'engrenages industriels, destinés à des installations industrielles complexes. Jusqu'à présent indépendante, la société a été rachetée il y a deux ans par un groupe suisse. Le mandat du commissaire aux comptes actuel arrive à son terme le 15 juin N+1, lors de l'assemblée générale appelée à statuer sur les comptes de l'exercice N. Le Président du Conseil d'Administration de la SA GRAFFER envisage de proposer à la prochaine assemblée générale la nomination de Mme Audin en tant que commissaire aux comptes de la SA GRAFFER, à la place de M. Bart, dont le mandat arrive à expiration. Mme Audin fait partie d'un réseau de cabinets présent à l'international et intervenant déjà au sein des autres sociétés du groupe.

La société GRAFFER emploie 300 personnes et a récemment complété son parc de machines par des investissements de l'ordre d'un million d'euros. Son activité consiste en la production de pièces industrielles complexes, qui sont ensuite installées dans des centrales électriques, des installations pétrolières ou gazières et des installations industrielles pétrochimiques. Ses produits se décomposent en deux catégories :

- les pièces hautement complexes, produites sur mesure pour les clients dans le cadre de contrats spécifiquement négociés et nécessitant de longs mois de conception et de réalisation ; la société comptabilise ces contrats selon la méthode à l'avancement, à partir d'un suivi des heures consacrées à la conception et la production ;
- les pièces standards ; pour certaines d'entre elles, GRAFFER a recours à la sous-traitance ; une fois achetés, les matériaux sont alors directement livrés à une PME locale, qui s'occupe de leur transformation et de l'usinage des pièces.

En raison de la spécificité de son activité, la clientèle de la société GRAFFER est très restreinte et concentrée. Ainsi, on peut estimer que 20% du nombre des clients représentent 80% du chiffre d'affaires. Fortement présente à l'international, la plupart des achats et des ventes de la société sont effectués en dollars.
Les clients sont très exigeants quant aux délais de livraison et à la qualité des produits. Ainsi, la société est amenée à gérer des stocks importants de matières premières et de produits semi-finis. Par le passé, elle a dû également verser des dommages et intérêts à des clients, suite à des litiges pour des défauts sur des pièces, ayant causé des défaillances des installations des clients.

La structure du bilan de la société au 31/12/N (en milliers d'euros), se présente de la manière suivante :

ACTIF	N	N-1	PASSIF	N	N-1
Immobilisations	3 872	2 750	Capitaux propres	6 550	5 461
Stocks	3 156	3 361	Provisions	1 085	726
Créances	4 603	3 902	Dettes financières	2 632	3 098
Disponibilités	2 239	2 087	Dettes d'exploitation	3 603	2 815
TOTAL	**13 870**	**12 100**	**TOTAL**	**13 870**	**12 100**

TRAVAIL À FAIRE

1. Quel sera le comportement professionnel de Mme Audin avant d'accepter le mandat ?
2. À partir de la NEP 200 « Principes applicables à l'audit des comptes mis en œuvre dans le cadre de la certification des comptes », présenter les éléments essentiels de la mission d'audit légal. Définir en particulier l'expression « anomalies significatives » et « risque d'audit » et fournir l'analyse de ce dernier.

   Mme Audin décide d'accepter la mission. La NEP 210 précise que le commissaire aux comptes doit établir une lettre de mission la première année de son mandat. Cette lettre de mission doit être communiquée à l'entité contrôlée préalablement à la mise en œuvre des travaux d'audit.
3. Quels sont les éléments que doit comporter la lettre de mission ?

Fin juin N+1, Mme Audin rédige le document dont des extraits figurent en **Annexe 1**.

TRAVAIL À FAIRE

4. Comment s'intitule ce document ? Quel en est l'intérêt ? Quelle en est la structure ?
5. Rappeler brièvement en quoi consistent les étapes qui, depuis l'acceptation du mandat, ont permis d'aboutir à ce document.
6. À partir des éléments figurant dans les **Annexes 1** et **2** :
   - justifier le nombre d'heures prévues pour l'audit des comptes N+1 ;
   - indiquer, dans le cas de la société GRAFFER, quels pourraient être les domaines et cycles significatifs susceptibles d'avoir une incidence significative sur les comptes annuels ;
   - définir la notion de « seuil de signification ».

Au cours de ses contrôles, Mme Audin a découvert une seule erreur concernant l'évaluation du stock, qui a conduit à une majoration de ce poste de 191 000 €.

TRAVAIL À FAIRE

7. Quelle sera l'attitude de Mme Audin dans cette situation ?

Annexe 1 :
Extraits du document établi par Mme Audin pour l'audit de la société GRAFFER

I - Nature de la mission
Il s'agit d'une mission de commissariat aux comptes comportant la mission générale (audit et vérifications spécifiques) sur les comptes arrêtés au 31/12/N+1.

II - Connaissance générale de l'entité
La société GRAFFER a pour activité la production d'engrenages. Son catalogue comporte......... Elle occupe 300 personnes..........
Dans un contexte international, la société occupe un créneau spécifique. Par son savoir-faire et son positionnement, les pressions concurrentielles qu'elle subit sont limitées. En l'occurrence, elle n'affronte pas la concurrence de pays à bas coûts.
Elle achète la plupart de ses matériaux à l'étranger auprès de ....
Sa clientèle est constituée de ....
La composition de son actionnariat est la suivante : ....

Personnes à connaître :
M. Hamm, président du conseil d'administration ;
M. Hart, directeur administratif et financier................

III – Chiffres clés

Éléments	N+1 (prévisionnel)	N
Chiffre d'affaires	16 620 450	15 102 110
Produits d'exploitation	18 163 710	16 982 340
Produits financiers	987 960	1 053 900
EBE	7 890 530	6 704 020
Résultat d'exploitation	3 026 540	2 409 280
Résultat courant avant impôt	2 384 570	2 066 330
Résultat net	1 641 230	1 424 750
Total bilan	14 412 270	13 870 220
Capitaux propres	7 332 250	6 550 000

IV – Systèmes d'informations comptables
Existence de budgets et d'un tableau de bord, ...
Organisation du service comptable : ....
Progiciel de gestion intégrée : ....
Principes comptables suivis et méthodes d'évaluation retenues : ...

V – Systèmes et domaines significatifs
Cycles et comptes significatifs : ....
Zones de risques identifiées : ....
Seuils de signification :
- Seuil de signification global : 10% du résultat net
- Seuil de signification pour les postes du bilan : 5% de leur valeur

VI – Orientation du programme de travail
Appréciation du contrôle interne : cycle achats, cycle ventes, ...
Confirmations directes : banques, sous-traitants, ...
Assistance à l'inventaire physique : ....

VII – Planning d'intervention

Phases	Période	Intervenants	Budget temps
Orientation et planification	Sept. N+1	AUDIN	10
Procédures analytiques	Permanent	AUDIN + MB	10
Évaluation du contrôle interne	4e trimestre N+1	MB + GS	50
Inventaire physique	Décembre N+1	GS	20
Confirmations directes	Décembre N+1	GS	32
Contrôle des comptes	Février N+2	MB + GS	90
Finalisation et rapports	Avril N+2	AUDIN	20
Conseils - assemblées	Mai N+2	AUDIN	10
Total			**242**

MB : chef de mission
GS : assistant confirmé

Budget honoraires : selon lettre de mission

Annexe 2 : Article R. 823-12 du Code de commerce

Les diligences estimées nécessaires à l'exécution du programme de travail doivent comporter pour un exercice, en fonction du montant du bilan de la personne ou de l'entité, augmenté du montant des produits d'exploitation et des produits financiers, hors TVA, un nombre d'heures de travail normalement compris entre les chiffres suivants :
Montant total du bilan et des produits d'exploitation et des produits financiers, hors taxes, et nombre normal d'heures de travail :

- jusqu'à 305 000 euros : 20 à 35 heures ;
- de 305 000 à 760 000 euros : 30 à 50 heures ;
- de 760 000 à 1 525 000 euros : de 40 à 60 heures ;
- de 1 525 000 à 3 050 000 euros : 50 à 80 heures ;
- de 3 050 000 à 7 622 000 euros : 70 à 120 heures ;
- de 7 622 000 à 15 245 000 euros : 100 à 200 heures ;
- de 15 245 000 à 45 735 000 euros : 180 à 360 heures ;
- de 45 735 000 à 122 000 000 euros : 300 à 700 heures.

ICKS

Patricia Gouttefarde

Connaissances associées

Appréciation du contrôle interne par le commissaire aux comptes

MISE EN SITUATION

M. Icks est commissaire aux comptes de la SA RUBATEX. La société RUBATEX a pour activité la confection et la vente de rubans destinés essentiellement à la lingerie et à l'habillement. Pour cela, elle achète la totalité des écrus (matières premières) en Asie et en Europe de l'Est. Son catalogue comporte plus de 2 000 références et est renouvelé deux fois par an.
Dans le cadre de sa mission générale d'audit, M. Icks entreprend l'évaluation des systèmes de contrôle interne de l'entreprise.

TRAVAIL À FAIRE

1. Comment définir la notion de «contrôle interne»? Y a-t-il des obligations légales en matière de contrôle interne ?
2. Quelle est l'utilité, pour le commissaire aux comptes, de la prise de connaissance des systèmes de contrôle interne ?
3. Quelles sont les différentes étapes de la démarche pour l'appréciation du contrôle interne de l'entreprise ? (À récapituler sous forme de schéma.)
4. Quelles sont les techniques et supports que le commissaire aux comptes peut utiliser à chacune des étapes de la démarche ?

Compte tenu de la nature de l'activité de la SA RUBATEX, M. Icks a estimé que le cycle «achats-fournisseurs» constitue un domaine significatif susceptible d'engendrer des risques d'anomalies significatives dans les comptes. En conséquence, il a inscrit dans son plan de mission de l'exercice l'évaluation du contrôle interne mis en place par la société pour ce cycle.
Au cours de ses travaux sur le cycle achats-fournisseurs, il s'est entretenu avec la responsable du service achats, Mme Bodler. Les notes prises par M. Icks lors de cet entretien sont reproduites en annexe.
M. Icks a pu vérifier par des tests de conformité l'existence des procédures décrites par Mme Bodler.
En vue de la rédaction du diagnostic relatif au dispositif de contrôle interne du domaine «achats-fournisseurs», M. Icks vous demande, en qualité de collaborateur, d'effectuer différents travaux.

Les notes prises par M. Icks lors de cet entretien sont reproduites en **Annexe 1**.

TRAVAIL À FAIRE

5. Sur la base de ses notes figurant en annexe, M. Icks vous demande d'établir la grille de séparation des fonctions pour le processus de traitement des factures fournisseurs de la société RUBATEX.
6. M. Icks vous demande ensuite de rédiger une note dans laquelle vous mettrez en évidence les points forts et les points faibles du processus étudié et les risques éventuels pour la régularité des comptes.

M. Icks a constaté quelques faiblesses au niveau de la conception du contrôle interne de la fonction achats. Il décide alors de mettre en œuvre des techniques d'audit assistées par ordinateur, utilisables dans le cadre des contrôles substantifs. Ces techniques permettent à l'auditeur d'analyser les données de l'entreprise, parallèlement aux techniques de sondages sur les procédures.

Afin d'informer les dirigeants et le responsable informatique de la société, il décide de rédiger une note précisant :
- le principe des techniques assistées par ordinateur ;
- les avantages de ces techniques ;
- les étapes de la mise en œuvre des techniques assistées par ordinateur.

TRAVAIL À FAIRE

7. M. Icks vous demande de préparer cette note.

M. Icks se fixe, pour le cycle achats, les objectifs suivants :

Objectif 1 : rechercher les fournisseurs payés deux fois.

Objectif 2 : valider l'état des factures à recevoir produit par l'entreprise.

TRAVAIL À FAIRE

8. Indiquez pour chaque objectif les tests que M. Icks se propose de réaliser ainsi que les procédures à mettre en œuvre.

En vue de préparer d'autres missions, M. Icks souhaite systématiser le questionnement portant sur le contrôle interne de la fonction achats.

TRAVAIL À FAIRE

9. M. Icks vous demande de préparer un questionnaire permettant l'évaluation de la conception du contrôle interne relatif au cycle achats-fournisseurs. Il sera limité à une dizaine de questions.

M. Icks s'est entretenu avec le responsable informatique et la responsable administrative et financière au sujet de l'évolution des traitements informatiques et de la dématérialisation croissante des données de la société RUBATEX. Il s'interroge sur la prise en compte de ces évolutions dans l'appréciation du contrôle interne et sur le risque inhérent.

TRAVAIL À FAIRE

10. Dans ce contexte, M. Icks vous demande de faire le point sur les relations entre l'audit et l'informatique. Pour vous aider à effectuer votre synthèse, il vous fournit des extraits de documents qu'il a sélectionnés et qui figurent en **Annexe 2**.

Annexe 1 : Notes d'entretien avec Mme Bodler

Chaque jour, après dépouillement du courrier, les factures provenant des fournisseurs sont adressées au service « Achats ». Une employée du service Achats les ventile, selon leur provenance, entre quatre acheteurs différents (écrus, teinture, petites fournitures, emballages)[1].

Les acheteurs comparent les factures aux bons de commande émis et, le cas échéant, aux bons de livraison (BL) qui leur ont été transmis par le réceptionniste-magasinier. Ce dernier a simplement daté et visé le BL si la livraison est conforme aux indications portées sur le BL et y a mentionné les anomalies si la livraison n'est pas conforme au BL.

Si la facture est conforme à la commande et à la livraison, l'acheteur y porte un code analytique destiné à la comptabilité de gestion, y appose son « bon à payer » et son visa et transmet le document au service comptable pour enregistrement.

S'il existe un écart entre la facture et le BL et/ou le bon de commande, l'acheteur traite directement le problème avec le fournisseur concerné. Après règlement du différend, la facture est transmise au service comptable pour enregistrement. Statistiquement, 3% en moyenne du nombre total de factures parvenues posent problème et le litige est généralement réglé dans le mois suivant la réception de la facture.

Au service comptable, l'enregistrement des factures d'achats est effectué quotidiennement par Mme Katia.

Après contrôle arithmétique de la facture, Mme Katia remplit et agrafe à la facture un ticket d'imputation portant les mentions suivantes :
- compte(s) débit ;
- code analytique d'achat ;
- compte(s) crédit ;
- date ;
- numéro du journal et folio.

Une fois enregistrée, la facture est aussitôt transmise à M. Zimmermann qui a en charge le processus « règlement fournisseurs ».
Les fournisseurs sont systématiquement réglés au comptant, sous escompte si possible, par chèque bancaire.

Après consultation du service « Trésorerie » pour le choix de la banque, M. Zimmermann établit le chèque et le transmet avec la facture au directeur financier, M. Lecomtenté, pour contrôle et signature.
Après signature, M. Zimmermann adresse le chèque au fournisseur, enregistre le règlement en comptabilité et classe la facture.

(1) *Les factures relatives aux immobilisations sont transmises au directeur financier ; elles suivent un processus de traitement qui leur est propre et qui n'est pas envisagé dans le cadre de l'étude du cycle « achats-fournisseurs ».*

Annexe 2

Document 1 : Extrait de l'article L47 A du Livre des procédures fiscales
I. - Lorsque la comptabilité est tenue au moyen de systèmes informatisés, le contribuable qui fait l'objet d'une vérification de comptabilité satisfait à l'obligation de représentation des documents comptables mentionnés au premier alinéa de l'article 54 du code général des impôts en remettant au début des opérations de contrôle, sous forme dématérialisée répondant à des normes fixées par arrêté du ministre chargé du budget, une copie des fichiers des écritures comptables définies aux articles 420-1 et suivants du plan comptable général.

Document 2 : Extrait du diaporama « Démarche d'audit : saisir l'opportunité du FEC[3] »
Présentation de l'outil développé par la CNCC – décembre 2016
Place du FEC dans la démarche d'audit - Liens entre les NEP et le FEC :
- Prise de connaissance de l'entité et de son environnement, notamment de l'environnement réglementaire (NEP 315) ;
- Prise en compte du risque d'anomalies significatives dans les comptes résultant du non-respect de textes légaux et réglementaires (NEP 250).

Précisions apportées sur les procédures d'audit à mettre en œuvre par le CAC dans l'avis technique – Le commissaire aux comptes et le respect des textes légaux et réglementaires.

Document 3 : Extrait d'un article rédigé par M. Barret, S. Yablonsky et S. Benzaquine, membres du groupe de travail « Audit informatique » de la CRCC de Paris
« Notre profession se doit d'évoluer pour continuer à accompagner les entreprises de plus en plus informatisées et conserver le contrôle des données financières analysées dans un contexte de cas de fraude en croissance permanente. [...] La CRCC de Paris, sous l'impulsion de Frédéric Burband, vice-président, a décidé de créer le groupe de travail « Audit informatique », en partenariat avec l'AFAI, qui rassemble des spécialistes du contrôle interne informatique et de l'analyse de données informatiques.
Pourquoi un groupe de travail sur l'audit informatique ?
Notre objectif est d'expliquer, de sensibiliser et de convaincre nos confrères que l'utilisation d'outils de data mining (ou analyses de données) dans le cadre de leur mission est un gage d'excellence pour notre profession, de sécurisation de leur mission et une réponse efficace aux besoins des entreprises que nous accompagnons. Par ailleurs, il est également nécessaire de les sensibiliser au fait que la digitalisation des processus de l'entreprise est source de risques de perte de continuité d'activité ou encore de perte d'intégrité des données si celles-ci ne sont pas suffisamment sécurisées : soit parce que les accès aux systèmes sont trop étendus, soit parce que les programmes informatiques peuvent être modifiés sans contrôle en amont. La révolution actuelle lancée par les pouvoirs publics (FEC, DSN[4], facture électronique...) n'est donc pas un obstacle, mais bien l'opportunité pour les professionnels que nous sommes, de donner du poids à nos contrôles. »

[3] FEC : fichier des écritures comptables.
[4] DSN : déclaration sociale nominative.

TPR

Patricia Gouttefarde & Fanny Ziegelmeyer

Connaissances associées

Réponses aux risques d'anomalies significatives • Obtention d'éléments probants

MISE EN SITUATION

M. Vares est commissaire aux comptes de la société TPR depuis 5 exercices. Il est intervenu, avec deux de ses collaborateurs (deux réviseurs confirmés), pour réaliser l'audit légal des comptes de l'exercice N de la société.
Cette société emploie plus de 150 salariés et a pour activité le commerce de gros et de détail d'articles destinés aux hôtels et aux restaurants. Elle dispose d'un large catalogue, comprenant tant du mobilier que des ustensiles de cuisine, du textile et de la vaisselle. Créée il y a un peu plus de 20 ans, la société TPR a su s'imposer sur son marché et développer une clientèle solide et stable.

Lors de l'examen des comptes annuels, M. Vares a réalisé un premier contrôle indiciaire, qui lui a permis de relever les éléments suivants :

En milliers d'euros	N	N-1	N-2	N-3
Chiffre d'affaires	20 320	17 097	17 976	16 907
Coût d'achat des marchandises vendues	16 776	13 411	14 021	13 188

TRAVAIL À FAIRE

1. À quelle étape de la mission d'audit légal correspond l'intervention de M. Vares et ses collaborateurs ? En quoi consiste cette étape et quels sont les critères qui conditionnent la qualité des informations recueillies ?
2. Quelles informations M. Vares a-t-il pu tirer des données ci-dessus ? Comment va-t-il réagir ?

Suite à ce premier contrôle, M. Vares s'entretient avec la responsable comptable et financière de la société TPR. M. Vares apprend alors qu'au cours de l'exercice N, le transport sur achats de marchandises a été comptabilisé en #6084 « Frais de transport sur achats » et non plus en #6241 « Transports sur achats », comme cela était le cas lors des exercices antérieurs. Pour l'exercice N, ces frais s'élèvent à 699 041 euros.

TRAVAIL À FAIRE

3. Que fait M. Vares face à ce constat ?
   Quelle technique M. Vares met-il en œuvre ici ? La définir et préciser à quels niveaux de la mission cette technique peut être utilisée et de quelle catégorie de procédures elle relève.

Le programme de travail prévoit des procédures de demandes d'information ainsi que des demandes de confirmation.

TRAVAIL À FAIRE

4. Qu'entend-on par :
   - demandes d'information ?
   - demandes de confirmation ?

   Quel est l'intérêt de ces procédures ?
   Quels sont les éléments pouvant faire l'objet de telles demandes, les tiers concernés et les renseignements qui leur sont demandés ?
   Existe-t-il une NEP sur la question ?

M. Vares a décidé, avec l'accord de la direction de la société TPR, de procéder à la confirmation des soldes fournisseurs de la société et a chargé un réviseur confirmé de l'équipe d'audit de cette tâche. Le réviseur dispose de la balance fournisseurs de la société TPR au 31/12/N, date de clôture de l'exercice (**Annexe**).

TRAVAIL À FAIRE

5. Quels fournisseurs le réviseur va-t-il choisir de « circulariser »[5] ? Justifier ce choix.
   Citer les différentes étapes de la procédure.

Les stocks de l'entreprise constituant un poste significatif du bilan (près de 40%), M. Vares a prévu, dans le programme de travail de l'équipe d'audit, l'assistance à l'inventaire physique des stocks de la société. Cette dernière a procédé à cet inventaire le lundi 30 décembre N. Un réviseur débutant a assisté à cet inventaire.

TRAVAIL À FAIRE

6. Quels sont, pour le commissaire aux comptes, les objectifs de l'assistance à l'inventaire physique ?
7. Quelles diligences M. Vares a-t-il mis en œuvre avant l'inventaire ?
   Quelles diligences le réviseur met-il en œuvre pendant l'inventaire ?

Lors de l'inventaire, le réviseur a relevé les deux faits suivants :
- une des équipes de comptage a inventorié un stock important de vaisselle qui se trouvait dans sa zone de comptage. Ce stock appartient en fait à un fournisseur de la société, qui les consigne chez TPR ;
- bien que limitées, pour des raisons commerciales, les expéditions n'ont pas toutes été arrêtées. Ainsi, deux commandes ont été préparées pour l'expédition le jour de l'inventaire.

TRAVAIL À FAIRE

8. Que doit faire le commissaire aux comptes dans de telles situations ?
9. Quelles diligences M. Vares et ses collaborateurs mettront-ils en œuvre après l'inventaire ? Existe-t-il une NEP sur la question ?

[5] La demande de confirmation des tiers est appelée dans la pratique « circularisation ».

Le programme de travail de M. Vares fait état d'autres techniques dans le but de collecter des éléments probants nécessaires à son audit.

TRAVAIL À FAIRE

10. Quelles sont les autres techniques d'audit que M. Vares peut mettre en œuvre ?

Les dirigeants de la société TPR ont fait savoir à M. Vares qu'une importante fraude impliquant deux responsables du service achat a été relevée au cours de l'exercice. Ces deux personnes ont été licenciées et une procédure pénale est en cours. Les écritures comptables de l'exercice ont pris en compte toutes les conséquences de cette fraude.
Néanmoins, M. Vares s'interroge encore sur la capacité de la société TPR à prévenir d'autres fraudes et sur l'existence éventuelle d'autres irrégularités non signalées par la société.

TRAVAIL À FAIRE

11. Quelle démarche doit effectuer M. Vares auprès des dirigeants ?
Quelle sera son attitude en cas de refus du représentant légal de la société TPR ?

Annexe : Balance des comptes fournisseurs

EXERCICE DU 01/01/N au 31/12/N

Intitulé	Solde début de période (reprise)	Mouvements période 01/12/N au 31/12/N		Mouvements de l'exercice		Solde de fin de période
	Crédit	Débit	Crédit	Débit	Crédit	Crédit
ANET SA	22 024,04	73 079,70	67 346,62	486 299,57	502 590,53	38 315,00
BECHER SA	2 158,58	2 158,58		41 170,09	39 011,51	
BEL et Fils	127,22	26 884,03	32 073,14	248 037,53	253 353,86	5 443,55
DIEN et Cie	668 584,61	45 119,62	24 078,32	551 204,63	1 415 326,21	1 532 706,19
FRICKER GmbH		1 338,19	43 824,51	298 756,82	341 658,01	42 901,19
COURLOT SA				6 587,52	6 597,52	
MILL SNC				47 411,39	47 411,39	
ETS GULVET				3 923,09	3 923,09	
ABIL et associés		31,85	32 357,89	103 594,09	135 920,01	32 325,92
HOLLER	120 474,44	1 426 169,60	1 299 695,12	9 003 309,98	8 882 835,54	
RICH SA				161 149,00	161 149,00	
VODEAU				9 973,20	9 973,20	
Total soldes débiteurs Total soldes créditeurs Total compte 401200	 813 368,89 813 368,89	 1 574 781,57	 1 499 375,60	 10 961 426,91	 11 799 749,87	 1 651 691,85

LECTRA

Patricia Gouttefarde & Fanny Ziegelmeyer

Connaissances associées

Travaux de fin de mission • Rapport du commissaire aux comptes

MISE EN SITUATION

Mme Borger, commissaire aux comptes, vient d'achever sa mission d'audit légal des comptes annuels au 31/12/N de la société LECTRA, société anonyme avec conseil d'administration (non EIP).

Par ailleurs, durant ses travaux, Mme Borger a relevé que la société a provisionné, pour la première fois, dans les comptes annuels de l'exercice N, les indemnités de départ en retraite et autres avantages similaires des salariés. L'évaluation de la provision a été faite à partir des travaux d'un actuaire. La société a décidé de procéder à ce changement afin d'améliorer l'information fournie en annexe. Son incidence sur les comptes est significative et il est mentionné dans l'annexe aux comptes annuels.

L'audit mené a permis à Mme Borger d'obtenir l'assurance raisonnable que les comptes pris dans leur ensemble ne comportent pas d'anomalies significatives. Il lui faut maintenant rédiger son rapport.

TRAVAIL À FAIRE

1. Quelles sont les diligences qui ont été mises en œuvre par Mme Borger suite au changement comptable effectué par la société LECTRA ?
2. Rappeler en quoi consistent les travaux de fin de mission du commissaire aux comptes.
3. À l'aide des **Annexes 1** et **2** et après avoir consulté l'intégralité des NEP 700, 701 et 702 révisées, indiquer la structure du rapport que devra établir Mme Borger et rédiger le passage relatif au changement de méthode comptable réalisé par la société Lectra en N.
4. Quelles informations complémentaires auraient dû figurer dans le rapport du commissaire aux comptes si la société LECTRA avait été une EIP ?

Quelques jours après la rédaction et la signature de son rapport, Mme Borger a connaissance d'une information sur un litige avec un client de la société, suite à une livraison de produits endommagés, qui a eu lieu fin N. Le client refuse de payer la facture adressée et a décidé de se retourner contre la société LECTRA pour lui réclamer une indemnisation.

TRAVAIL À FAIRE

5. Quelle est l'attitude de Mme Borger face à cette situation ?

Annexe 1 : Extraits du code de commerce (partie législative)

Article L123-17

Sauf dans des cas exceptionnels, afin de donner une image fidèle du patrimoine, de la situation financière et du résultat de l'entreprise et dans les conditions prévues par un règlement de l'Autorité des normes comptables, les méthodes comptables retenues et la structure du bilan et du compte de résultat ne peuvent être modifiées d'un exercice à l'autre. Si des modifications interviennent, elles sont décrites et justifiées dans l'annexe et signalées, le cas échéant, dans le rapport des commissaires aux comptes.

Article L823-9

Les commissaires aux comptes certifient, en justifiant de leurs appréciations, que les comptes annuels sont réguliers et sincères et donnent une image fidèle du résultat des opérations de l'exercice écoulé ainsi que de la situation financière et du patrimoine de la personne ou de l'entité à la fin de cet exercice. [...]

Annexe 2 : Introduction des NEP révisées

NEP-700. RAPPORTS DU COMMISSAIRE AUX COMPTES SUR LES COMPTES ANNUELS ET CONSOLIDÉS

1. Lorsqu'il certifie les comptes en application de l'article L. 823-9 du code de commerce, le commissaire aux comptes établit un rapport à l'organe appelé à statuer sur les comptes dans lequel, en justifiant de ses appréciations, il formule son opinion conformément aux dispositions de l'article R. 823-7 du code précité.
2. Le commissaire aux comptes rend compte, dans le même rapport, de vérifications et informations spécifiques prévues par les textes légaux et réglementaires.
3. Le commissaire aux comptes fournit, s'il s'agit d'une entité d'intérêt public, les autres informations prévues par l'article 10 du règlement (UE) no 537/2014.
4. Le rapport sur les comptes consolidés est distinct du rapport sur les comptes annuels.
5. La présente norme a pour objet de définir les principes relatifs à l'établissement de ces rapports par le commissaire aux comptes.

NEP-701. – JUSTIFICATION DES APPRÉCIATIONS DANS LES RAPPORTS DU COMMISSAIRE AUX COMPTES SUR LES COMPTES ANNUELS ET CONSOLIDÉS DES ENTITÉS D'INTÉRÊT PUBLIC

1. En application des dispositions de l'article L. 823-9 du code de commerce, le commissaire aux comptes justifie de ses appréciations pour toutes les personnes ou entités dont les comptes annuels ou consolidés font l'objet d'une certification établie conformément à ce même article.
2. La justification des appréciations doit permettre au destinataire du rapport de mieux comprendre l'opinion émise par le commissaire aux comptes sur les comptes.
3. La présente norme a pour objet de définir les principes et de préciser leurs modalités d'application concernant l'obligation légale faite au commissaire aux comptes de justifier de ses appréciations dans son rapport sur les comptes annuels et dans son rapport sur les comptes consolidés des entités d'intérêt public.

NEP-702. – JUSTIFICATION DES APPRÉCIATIONS DANS LES RAPPORTS DU COMMISSAIRE AUX COMPTES SUR LES COMPTES ANNUELS ET CONSOLIDÉS DES PERSONNES ET ENTITÉS QUI NE SONT PAS DES ENTITÉS D'INTÉRÊT PUBLIC
(points 1 et 2 : contenu identique à celui de la NEP 701)

3. La présente norme a pour objet de définir les principes et de préciser leurs modalités d'application concernant l'obligation légale faite au commissaire aux comptes de justifier de ses appréciations dans son rapport sur les comptes annuels et dans son rapport sur les comptes consolidés des personnes et entités qui ne sont pas des entités d'intérêt public.

ELEKTRIC

Patricia Gouttefarde

Connaissances associées

Les conventions

MISE EN SITUATION

Le schéma suivant vous présente un certain nombre d'informations concernant les sociétés du groupe ELEKTRIC.

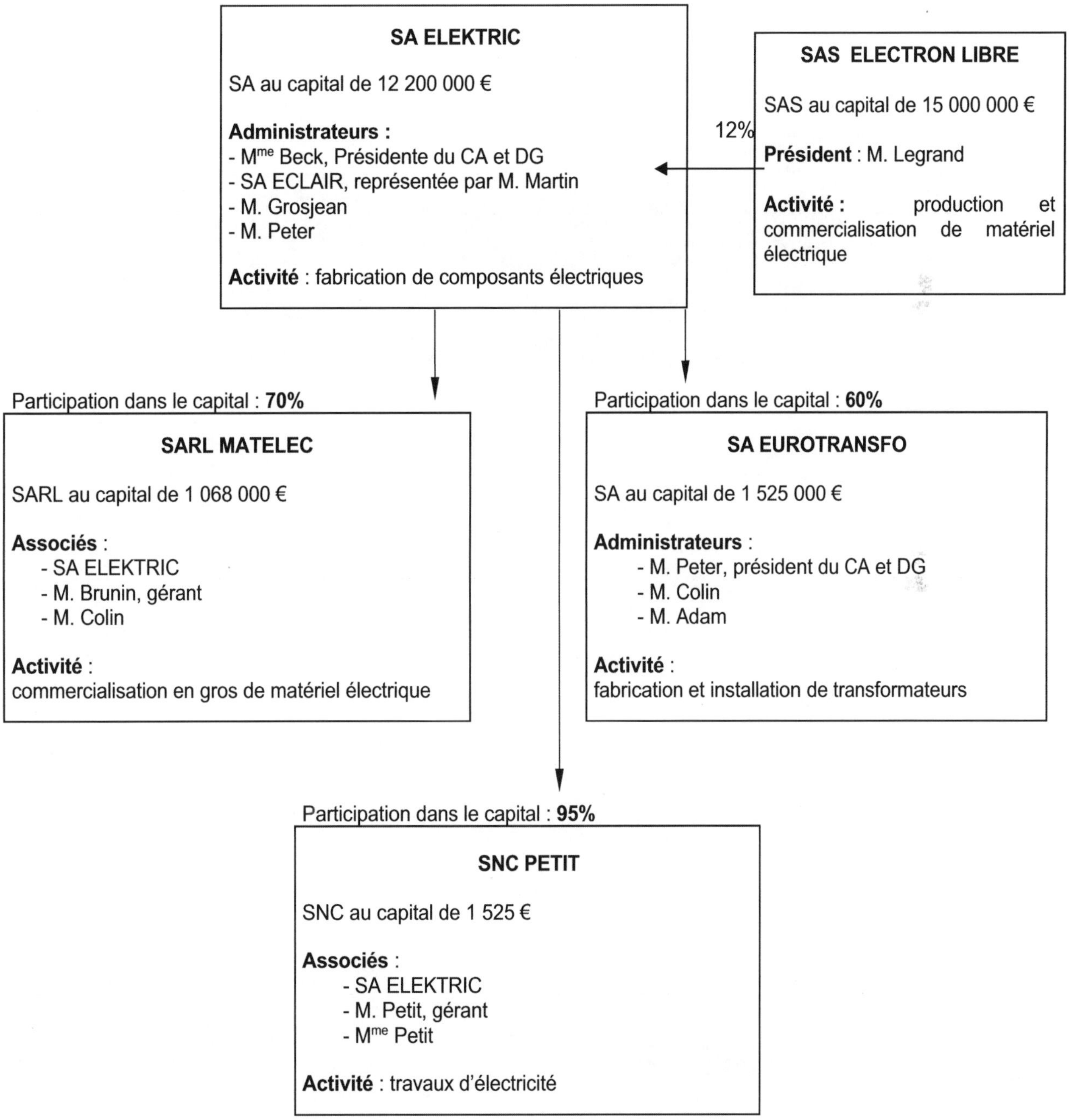

PREMIÈRE PARTIE

Les opérations suivantes ont été effectuées durant l'exercice :

- Le dernier exercice comptable de la SA EUROTRANSFO étant fortement déficitaire, la SA ELEKTRIC se propose d'abandonner une créance de 137 204 € qu'elle détient sur sa filiale, sous condition de retour à meilleure fortune.
- La SA ELEKTRIC a vendu, au cours de l'exercice, pour 190 561 € de matériel électrique de sa fabrication à la SARL MATELEC aux conditions générales habituellement consenties à ses clients grossistes.
- M. Grosjean a contracté un emprunt bancaire pour l'achat d'une maison. Il demande à la SA ELEKTRIC de se porter caution auprès de sa banque.
- M. Colin loue à la SARL MATELEC, depuis le début de l'exercice, un local à usage d'entrepôt, moyennant un loyer mensuel de 762 €.
- M. Petit a racheté au cours de l'exercice, à la SNC PETIT, une voiture de tourisme pour sa valeur nette comptable.
- La SA ELEKTRIC a vendu à prix coûtant un important lot de composants électriques à la SAS ELECTRON LIBRE pour 110 000 €.

TRAVAIL À FAIRE

1. Pour chacune des situations décrites ci-dessus, il vous est demandé :
   - d'identifier les différents types de conventions au sens des articles du Code de Commerce ;
   - d'indiquer, dans chacune des sociétés concernées, la procédure légale à appliquer.

2. En supposant que MATELEC soit une société anonyme, quelles incidences aurait cette hypothèse, pour l'opération n° 2, sur le régime des conventions chez MATELEC ?

DEUXIÈME PARTIE

Le commissaire aux comptes de la SA EUROTRANSFO a découvert, dans le cadre de sa mission légale, l'existence d'une convention réglementée conclue sans autorisation préalable du conseil d'administration.

TRAVAIL À FAIRE

1. Quelles sont les conséquences possibles de ce défaut d'autorisation ?
2. Quelle sera l'attitude du commissaire aux comptes dans cette situation ?

La SA ELEKTRIC envisage de changer de mode d'administration en adoptant l'organisation dualiste avec directoire et conseil de surveillance.

TRAVAIL À FAIRE

3. Quelles sont les personnes concernées par le régime des conventions ?
4. À quel organe la convention pour autorisation préalable doit-elle être soumise ?
5. Qui avise le commissaire aux comptes de toutes les conventions autorisées ?

Le commissaire aux comptes de la SA ELEKTRIC présente à l'assemblée générale le rapport spécial sur les conventions.

TRAVAIL À FAIRE

6. Quel doit être le contenu de ce rapport conformément à l'article R 225-31 du Code de commerce ? Compléter le rapport spécial fourni en **Annexe**.

L'assemblée générale des actionnaires de la SA ELEKTRIC, appelée à statuer sur les conventions, désapprouve une convention qui lui a été soumise.

TRAVAIL À FAIRE

7. Quelles sont les conséquences de ce défaut d'approbation ?

Annexe

Rapport spécial du commissaire aux comptes sur les conventions réglementées
Assemblée générale d'approbation des comptes de l'exercice clos le ....

Aux actionnaires,

En notre qualité de commissaires aux comptes de votre société, nous vous présentons notre rapport sur les ....
Il nous appartient de vous communiquer, sur la base des informations qui nous ont été données, les .... et les .... essentielles des conventions et engagements dont nous avons été avisé(s) ou que nous aurions découverts à l'occasion de notre mission, sans avoir à nous prononcer sur leur .... et leur .... ni à rechercher l'existence d'autres conventions. Il vous appartient, selon les termes de l'article R 225-31 du Code de commerce, d'apprécier .... qui s'attachait à la conclusion de ces conventions et engagements en vue de leur ....

Par ailleurs, il nous appartient, le cas échéant, de vous communiquer les informations prévues à l'article R 225-31 du Code de commerce relatives à l'exécution, au cours de l'exercice écoulé, des conventions et engagements déjà approuvés par ....

Nous avons mis en œuvre les .... que nous avons estimé nécessaires au regard de la .... professionnelle de la Compagnie nationale des commissaires aux comptes relative à cette mission. Ces ... . ont consisté à vérifier la concordance des informations qui nous ont été données avec les documents de base dont elles sont issues.

Conventions soumises à l'approbation de l'assemblée générale

Description des conventions autorisées au cours de l'exercice.
Information à donner sur chaque convention (art. R225-31 du Code de commerce).

Conventions déjà approuvées par l'assemblée générale

En application de l'article L 225-40 du code de commerce, nous avons été informé(s) que l'exécution des conventions suivantes, déjà approuvées par l'assemblée générale au cours d'exercices antérieurs, s'est poursuivie au cours de l'exercice écoulé.

(*Informations à donner sur chaque convention, pouvant être limitées aux indications nécessaires pour les identifier.*)

CHENOR

Patricia Gouttefarde & Fanny Ziegelmeyer

Connaissances associées

Alerte, révélation et blanchiment

MISE EN SITUATION

La SA CHENOR, créée il y a près de trente ans par M. Chenin, a pour activité la vente d'articles d'horlogerie et de bijouterie, dans ses quatre boutiques implantées à Grenoble, Chambery et Lyon. M. Chenin, qui assure la direction de la société, est également le président du conseil d'administration.

Mme Vogler a été nommée commissaire aux comptes de la société il y a deux ans. Après avoir pris connaissance des comptes annuels N, établis par M. Estèphe, expert-comptable de la société, et s'être entretenue avec M. Chenin, Mme Vogler constate que la dégradation de l'activité subie par la société lors du précédent exercice s'est poursuivie et amplifiée tout au long de l'exercice N. Souffrant d'une image vieillissante, la société CHENOR a connu une sous-activité marquée et éprouve des difficultés à écouler ses produits. Cette situation devrait se poursuivre en N+1.

TRAVAIL À FAIRE

1. Après avoir relevé les points marquants concernant la situation financière de la société CHENOR, identifier le risque général qui en découle.
2. Indiquer les conséquences de cette situation sur la mission d'audit du commissaire aux comptes, les diligences mises en œuvre et son rapport.
3. Mme Vogler pourrait-elle être amenée à refuser la certification des comptes de la société CHENOR pour l'exercice N ? La réponse sera justifiée en se fondant sur les NEP 570 et 700.
4. Face à la situation compromise de la société CHENOR, quelle est la mission particulière de Mme Vogler ? Est-elle la même pour M. Estèphe ?

Mme Vogler décide de mettre en œuvre la procédure prévue par l'art. L 234-1 du Code de Commerce.

TRAVAIL À FAIRE

5. Que doit-elle faire dans un premier temps ?

À la suite de cette première démarche, Mme Vogler obtient du président du conseil d'administration une réponse très évasive quant aux mesures qu'il compte adopter pour remédier à la situation.

TRAVAIL À FAIRE

6. Comment Mme Vogler doit-elle réagir ?

Le président du conseil d'administration ne répond pas à sa demande.

TRAVAIL À FAIRE

7. Que doit faire maintenant Mme Vogler ?
8. Dans quel cas Mme Vogler sera-t-elle amenée à poursuivre la procédure jusqu'à son terme ?
9. Présenter un tableau récapitulatif de la procédure d'alerte dans le cas de la société anonyme en mettant en évidence les différentes étapes de la procédure et les acteurs concernés à chaque étape.
10. Le commissaire aux comptes qui s'abstiendrait de déclencher la procédure d'alerte alors que celle-ci s'impose engagerait-il sa responsabilité ?

Au cours de l'exercice N+1, la situation de la société CHENOR a continué à se dégrader. En vue de dissimuler la véritable situation de la société, les dirigeants ont arrêté les comptes annuels de l'exercice après avoir procédé à une majoration importante de la valeur des stocks et à une minoration significative des dépréciations ainsi que des provisions.

TRAVAIL À FAIRE

11. Quelle sera l'attitude de Mme Vogler dans ce cas ?

Les dirigeants refusent de modifier les comptes annuels arrêtés par le CA avant l'assemblée générale appelée à statuer sur ces comptes. Les comptes annuels sont ainsi présentés en l'état aux actionnaires.

TRAVAIL À FAIRE

12. Quelles en sont les conséquences pour le rapport établi par Mme Vogler ?
13. Que devra faire Mme Vogler à l'issue de l'assemblée générale ?

Voyant la dégradation de son activité se poursuivre, M. Chenin et d'autres actionnaires, représentant près de 90% du capital de la société CHENOR, décident de vendre leurs actions à M. Brando et deux de ses associés. Le rachat a lieu au début de l'exercice N+2.
Dans le cadre de la certification des comptes de l'exercice N+2, Mme Vogler constate une amélioration significative de la situation financière de la société et des recettes nettement à la hausse, recettes surprenantes compte tenu des modifications limitées apportées à l'activité et aux boutiques.

TRAVAIL À FAIRE

14. Face à cette situation, Mme Vogler doit-elle faire preuve d'une vigilance particulière ?

Intriguée par cette situation, Mme Vogler décide de poursuivre ses investigations et découvre des opérations suspectes, d'un montant élevé et qui lui paraissent être du blanchiment de capitaux.

TRAVAIL À FAIRE

En se fondant sur la NEP 9605, répondre aux questions suivantes :

15. Quelle doit être l'attitude du commissaire aux comptes ?

16. Le commissaire aux comptes doit-il avertir l'entité contrôlée d'une éventuelle démarche ?

17. Quelle doit être l'attitude du commissaire aux comptes vis-à-vis du procureur de la République :
- si le commissaire aux comptes a connaissance d'opérations dont il sait qu'elles constituent du blanchiment ?
- si le commissaire aux comptes n'a que des soupçons de blanchiment ?

Face aux risques élevés et à ses nouvelles obligations en matière de lutte contre le blanchiment, le commissaire aux comptes s'interroge sur les procédures et mesures de contrôle interne à mettre en œuvre au sein de son cabinet.

TRAVAIL À FAIRE

18. Quelles mesures doit-il prendre ?

Annexe 1 : Extraits des comptes de la société CHENOR au 31/12/N

Extrait du bilan de la société Chenor au 31/12/N (en euros)

PASSIF	N	N-1
Capital social	60 000	60 000
Réserves	7 500	7 500
Report à nouveau	- 21 816	415
Résultat	- 136 658	- 22 231
Situation nette	**- 90 974**	**45 684**
Provisions	41 300 (1)	3 200

(1) *Dont provision pour indemnité de licenciement : 37 300 €.*

Extrait du compte de résultat de la société Chenor au 31/12/N (en euros)

	N	N-1
Chiffre d'affaires	49 074	122 685
Résultat d'exploitation	-102 838	-11 258
Résultat financier	-39 423	-15 625
Résultat exceptionnel	5 603	4 652
Résultat net	-136 658	-22 231

Annexe 2 : Extrait de l'article L 242-6 du Code de Commerce

Est puni d'un emprisonnement de cinq ans et d'une amende de 375 000 € le fait pour : [...]

2° Le président, les administrateurs ou les directeurs généraux d'une société anonyme de publier ou présenter aux actionnaires, même en l'absence de toute distribution de dividendes, des comptes annuels ne donnant pas, pour chaque exercice, une image fidèle du résultat, des opérations de l'exercice, de la situation financière et du patrimoine, à l'expiration de cette période, en vue de dissimuler la véritable situation de la société [...].

Annexe 3 : Article L 823-12 du Code de Commerce

Les commissaires aux comptes signalent à la plus prochaine assemblée générale ou réunion de l'organe compétent les irrégularités et inexactitudes relevées par eux au cours de l'accomplissement de leur mission, et, lorsqu'ils interviennent auprès d'une entité d'intérêt public, l'invitent à enquêter conformément aux dispositions de l'article 7 du règlement (UE) n° 537/2014 du Parlement européen et du Conseil.

Ils révèlent au procureur de la République les faits délictueux dont ils ont eu connaissance, sans que leur responsabilité puisse être engagée par cette révélation.

Sans préjudice de l'obligation de révélation des faits délictueux mentionnée à l'alinéa précédent, ils mettent en œuvre les obligations relatives à la lutte contre le blanchiment des capitaux et le financement du terrorisme définies au chapitre Ier du titre VI du livre V du code monétaire et financier.

ISBN : 978-2-35765-848-6

Imprimé en France en août 2019 par Impremium, Marseille
Dépôt légal : août 2019

 Éditions Corroy • 4 rue de Villars, 42000 Saint-Étienne • 04 77 79 92 46 • infos@editions-corroy.fr